高职院校思想政治理论课实践教学研究

鲁继平 著

南开大学出版社

天津

图书在版编目(CIP)数据

高职院校思想政治理论课实践教学研究 / 鲁继平著
. —天津：南开大学出版社，2019.10
ISBN 978-7-310-05895-2

Ⅰ.①高… Ⅱ.①鲁… Ⅲ.①思想政治教育－教学研究－高等职业教育 Ⅳ.①G711

中国版本图书馆 CIP 数据核字(2019)第 223303 号

版权所有　侵权必究

南开大学出版社出版发行
出版人：陈　敬
地址：天津市南开区卫津路 94 号　　邮政编码：300071
营销部电话：(022)23508339　23500755
营销部传真：(022)23508542　邮购部电话：(022)23502200

＊

北京建宏印刷有限公司印刷
全国各地新华书店经销

＊

2019 年 10 月第 1 版　　2019 年 10 月第 1 次印刷
230×170 毫米　16 开本　12.5 印张　4 插页　180 千字
定价：46.00 元

如遇图书印装质量问题，请与本社营销部联系调换，电话：(022)23507125

天津市哲学社会科学规划研究项目高校思想政治理论课专项"互联网背景下高职院校思想政治理论课'四·四·二·三'实践教学模式创新研究"(项目编号:TJSZZX17-033,项目负责人:鲁继平)成果之一。

前　言

高职院校（以下简称高职）思想政治理论课（以下简称思政课）实践教学是相对于理论教学而言的，它是高职思政课教学的重要组成部分，其目的是使高职学生在实践中验证高职思政课理论并使其真懂、真信、真用，帮助其树立正确的世界观、人生观和价值观，并在实践中不断提高其运用马克思主义的立场、观点、方法分析和解决各种问题的能力。

高职思政课实践教学有广义实践教学和狭义实践教学之分。广义实践教学是指高职学生在教师指导下采用学做相结合方式完成教师布置的高职思政课实践教学任务的一切教学活动，包括在课堂内、校内、校外和网络虚拟空间等全方位开展的高职思政课实践教学；狭义实践教学一般仅指高职学生在教师指导下采用学做相结合方式在校外实施的社会实践活动。根据高职思政课实践教学的特点和任务，高职思政课实践教学应为广义实践教学。

随着互联网时代的到来和现代数字信息通信技术在高职思政课实践教学中的推广应用，高职思政课实践教学的传统模式亟须与时俱进。因此，加强高职思政课实践教学研究，探索互联网背景下高职思政课实践教学模式改革创新的目标和路径，就成为摆在我们面前的不得不思考的重要问题。为此，本书提出了以下主要研究目标：一是互联网背景下改革创新高职思政课实践教学模式的必要性；二是研究与国内外高校思政课实践教学模式有关的文献资料，探析目前高职思政课实践教学的现状及存在的问题；三是确定互联网背景下高职思政课实践教学模式改革创新的目标；四是提出互联网背景下符合高职学生特点的高职思政课实践教学模式改革创新的路径；五是研究互联网背景下高职思政课实践教学新模式的运行机制，并制定统一的高职思政课实践教学新模式实施方案。围绕上述研究目标，本书运用文献研究、比较研究、理论与现状分析、调查数据统计分析等方法开展研究，并在分析和论证的基础上最终得出了研究结论：一是在互联网背景下改革创新高职思政课实践教学模式已势在必行；二是高职思政课实践教学模式改革创新的目标是培养担当民族复兴大任的时代新人，使高职学生成为中国特色社会主义事业的合格建设者和可靠接班人；三是改革创新高职思政课实践教学模式的路径为构建互联网背景下高职思政课"四·四·二·三"实践教学新模式；四是要构建科学高效的高职思政课"四·四·二·三"实践教学新模式的运行机制，并制定统一的高职思政课"四·四·二·三"实践教学新模式实施方案。

目 录

第一章 绪论 ·· 1
 第一节 选题意义 ·· 1
 第二节 研究依据、研究目的和研究过程 ························ 2
 第三节 研究内容 ·· 6
第二章 互联网背景下高职思政课实践教学现状及存在问题研究 ·· 10
 第一节 研究背景 ··· 10
 第二节 核心概念 ··· 13
 第三节 高职思政课实践教学现状 ····························· 14
 第四节 高职思政课实践教学存在的问题 ······················· 15
第三章 互联网背景下改革创新高职思政课实践教学模式研究 ····· 17
 第一节 互联网背景下创新高职思政课实践教学模式的
    必要性研究 ··· 17
 第二节 互联网背景下创新高职思政课实践教学模式的
    基本思路研究 ······································· 18
 第三节 互联网背景下高职思政课实践教学模式改革创新的
    目标定位研究 ······································· 20
 第四节 互联网背景下改革创新高职思政课实践教学模式的
    路径研究 ··· 21
 第五节 互联网背景下改革创新高职思政课实践教学模式的
    重点和难点研究 ····································· 29
 第六节 互联网背景下高职思政课实践教学新模式的
    运行机制研究 ······································· 36
第四章 高职思政课课堂实践教学研究 ························· 40
 第一节 高职思政课课堂实践教学的概念与特征 ················· 40

第二节　高职思政课课堂实践教学的必要性与可能性研究……42
　第三节　高职思政课课堂实践教学的现状及存在的问题………46
　第四节　开展高职思政课课堂实践教学所应遵循的基本原则··48
　第五节　互联网时代改革创新高职思政课课堂实践教学的
　　　　　路径……………………………………………………53
　第六节　高职思政课课堂实践教学的难点研究…………………60
　第七节　开展高职思政课课堂实践教学应注意的几个问题……63

第五章　高职思政课校内实践教学研究……………………………67
　第一节　高职思政课校内实践教学的概念与特征………………67
　第二节　高职思政课校内实践教学的必要性与可能性研究……69
　第三节　高职思政课校内实践教学的现状及存在的问题………73
　第四节　开展高职思政课校内实践教学所应遵循的基本原则··75
　第五节　互联网时代改革创新高职思政课校内实践教学的
　　　　　路径……………………………………………………79
　第六节　高职思政课校内实践教学的难点研究…………………87
　第七节　开展高职思政课校内实践教学应注意的几个问题……89

第六章　高职思政课校外实践教学研究……………………………93
　第一节　高职思政课校外实践教学的概念与特征………………93
　第二节　高职思政课校外实践教学的必要性与可能性研究……95
　第三节　高职思政课校外实践教学的现状及存在的问题………99
　第四节　开展高职思政课校外实践教学所应遵循的基本原则·102
　第五节　互联网时代改革创新高职思政课校外实践教学的
　　　　　路径……………………………………………………108
　第六节　高职思政课校外实践教学的难点研究…………………115
　第七节　开展高职思政课校外实践教学应注意的几个问题……118

第七章　高职思政课网络虚拟实践教学研究………………………121
　第一节　高职思政课网络虚拟实践教学的概念与特征…………121
　第二节　高职思政课网络虚拟实践教学的
　　　　　必要性与可能性研究…………………………………124
　第三节　高职思政课网络虚拟实践教学的

　　　　　　现状及存在的问题 …………………………………… 130
　　第四节　开展高职思政课网络虚拟实践教学所应遵循的
　　　　　　基本原则 …………………………………………… 134
　　第五节　互联网时代改革创新高职思政课网络虚拟实践教学的
　　　　　　路径 ………………………………………………… 141
　　第六节　高职思政课网络虚拟实践教学的难点研究 ………… 147
　　第七节　开展高职思政课网络虚拟实践教学应注意的
　　　　　　几个问题 …………………………………………… 150
第八章　高职思政课实践教学保障机制研究 …………………… 152
　　第一节　高职思政课实践教学师资力量保障机制研究 ……… 152
　　第二节　高职思政课实践教学经费保障机制研究 …………… 167
第九章　高职思政课理论教学与实践教学考核评价机制研究 …… 169
　　第一节　高职思政课考核评价现状 …………………………… 169
　　第二节　创新高职思政课考核评价模式的必要性研究 ……… 171
　　第三节　创新高职思政课考核评价模式的路径 ……………… 172
　　第四节　构建高职思政课考核评价新模式应注意的
　　　　　　几个问题 …………………………………………… 176
第十章　高职思政课实践教学实施方案研究 …………………… 178
　　第一节　高职思政课实践教学的
　　　　　　目标、学分、学时和组织形式 …………………… 178
　　第二节　高职思政课实践教学具体方案 ……………………… 179
　　第三节　高职思政课实践教学学生成绩评定、经费使用及
　　　　　　其他规定 …………………………………………… 185
参考文献 …………………………………………………………… 187
后　记 ……………………………………………………………… 189

第一章 绪论

第一节 选题意义

一、理论意义

从理论上看，一方面，随着互联网和信息通信技术的迅猛发展，高职思政课传统实践教学模式的不足与局限性越来越明显：主要是重视思政课教师教的方面、教的过程；忽视了高职学生学的方面、学习过程和学习效果，忽视学生的学习主体作用的发挥。这显然不利于具有创新思维和创新能力的创造型高职人才的成长。高职思政课实践教学如果不能适应这种新的变化和要求，采用新的教学模式，就难以收到很好的效果，甚至还会严重影响教学效果的提升。因此，本研究从系统总结高职思政课实践教学改革的成功经验、探讨高职思政课实践教学的内在规律、研究网络和社会现实对高职学生思想观念的影响、研讨网络信息技术和高职学生特点与高职思政课实践教学的相互关系等着手，进行高职思政课实践教学模式的创新，提出高职思政课"四·四·二·三"实践教学新模式，并论证该模式的理论依据和教学实践依据，分析该教学模式的理念和目标定位，探索该模式的构成体系和操作过程，为教学模式研究尤其是高职思政课实践教学模式研究提供一种思路。同时，从实践环节入手研究互联网背景下高职思政课实践教学新模式，以调动高职学生学习积极性、主体性为重要手段，以促进其全面发展为研究目的，对相关教育理论的发展具有一定的促进作用。

二、实践意义

从实践上看，本研究从互联网背景下高职思政课实践教学困境入手，围绕搭建四种高职思政课实践教学平台、实施高职思政课实践教学四项创新工程、健全高职思政课实践教学二种机制、实行高职思政课实践教学"三化"育人等内容，探讨互联网背景下高职思政课实践教学新模式，有助于促进高职思政课实践教学改革，有助于增强思想政治教育的实效性，提高高职学生的综合素质，培养其实践能力、创新能力和创业精神，促进其社会化，有助于培养中国特色社会主义事业的合格建设者和可靠接班人。

第二节　研究依据、研究目的和研究过程

一、研究依据

（一）理论依据

与时俱进是马克思主义的理论品质，也就是说只有坚持与时俱进的人才是真正的马克思主义者。随着互联网的发展，高职思政课实践教学传统模式已经越来越不适应形势发展的需要，必须与时俱进，即根据互联网的特征和高职学生的特点对高职思政课实践教学模式进行改革创新。这是改革创新高职思政课实践教学模式的理论依据。

（二）政策依据

2015年9月10日，教育部印发的《高等学校思想政治理论课建设标准》（教社科〔2015〕3号）明确规定："实践教学纳入教学计划，统筹思想政治理论课各门课的实践教学、落实学分（本科2学分，专科1学分）、教学内容、指导教师和专项经费。"这是改革创新高职思政课实践教学模式的政策依据。

二、研究目的

1. 阐述互联网背景下改革创新高职思政课实践教学模式的必要性。

2. 研究国内外高校思政课实践教学模式的文献资料，探析高职思政课实践教学的现状及存在的问题。

3. 确定互联网背景下改革创新高职思政课实践教学模式的目标是培养担当民族复兴大任的时代新人，使高职学生成为中国特色社会主义事业的合格建设者和可靠接班人。

4. 围绕上述目标，提出互联网背景下符合高职学生特点的高职思政课实践教学模式改革创新的路径是构建互联网背景下高职思政课"四·四·二·三"实践教学新模式，该新模式的具体内容为：搭建高职思政课课堂、校内、校外和网络虚拟等四个实践教学平台，实施高职思政课实践教学理念、内容、手段和方法等四项创新工程，健全高职思政课实践教学保障机制和考核评价机制等两种机制和实现高职思政课实践教学的"三化"育人即"全员化"育人、"全方位化"育人和"全程化"育人，并形成相互联系、相互促进、相辅相成的高职思政课实践教学新模式的有机整体。

5. 构建科学高效的互联网背景下高职思政课"四·四·二·三"实践教学新模式的运行机制，制定统一的高职思政课"四·四·二·三"实践教学新模式实施方案。

三、研究过程

（一）研究设计

第一，开展资料收集与文献研究。通过查找文献，从马克思主义认识论、人的全面发展理论、情景学习理论、主体学习理论出发，建立互联网背景下高职思政课实践教学新模式的理论基础，避免主观臆断。

第二，通过调查、访谈、专家咨询、发放问卷，了解高职思政课实践教学改革动态、发展趋势及存在的共性问题，提出本研究问题，为搭建高职思政课实践教学平台，实施高职思政课实践教学理念、内容、方法和手段创新工程，健全保障机制和考核评价机制，实现高职思政课实践教学的"三化"育人即"全员化"育人、"全方位化"育人和"全程化"育人提供现实依据。

第三,实地调研。选择近年来在高职思政实践教学中表现活跃的学校开展实地调研,主要了解其在高职思政课实践教学模式等方面的情况。

第四,理性思考及观点提炼。依据相关理论、实际调研情况、文献资料回顾、咨询专家意见和收集整理资料等,总结归纳提炼出高职思政课实践教学中存在的主要问题,并提出相应的对策即着手研究高职思政课实践教学模式的基本框架,包括"四·四·二·三"实践教学模式的理论、目标、基本结构、主要内容,初步形成互联网背景下高职思政课"四·四·二·三"实践教学新模式。

第五,研究高职思政课"四·四·二·三"实践教学新模式在实施过程中可预见的问题及其对策,如:实践教学平台的搭建、实践教学内容的优化、实践教学方法的创新、实践教学手段的创新、"双师型"教师队伍建设、实践教学保障机制和考核评价机制的健全等问题,完成本研究报告,撰写并发表系列科研论文。

第六,理论验证。对样本进行随机分组对照实验,实施新的高职思政课实践教学模式。

最后,依据新的实践教学模式的实施效果,进一步完善与推广。

(二)研究方法

1. 文献分析法

围绕本研究内容,对文献资料进行整理、分析,从整体上把握目前高职思政课实践教学模式研究的深度和广度,吸收已有研究成果中的优点,拓展自己的研究思路。

2. 实证调查研究法

通过向师生发放问卷,开展师生访谈,了解现有高职思政课实践教学模式存在的问题、学生的感受和实际效果,为改革创新现有高职思政课实践教学模式的研究积累第一手资料。

3. 比较分析法

梳理国内外高校思政课实践教学模式的理论与实践,对比分析国内外高校思政课实践教学模式的主要内容与特征,探析其对我国高职思政课实践教学的影响，探寻其对改革创新我国高职思政课实践教学模式的启示，为本研究提供理论与实践依据。

此外，本研究的具体研究方法还有：数据统计分析法、个案访谈法、多学科探析法、整体与部分结合法、应然与实然结合法等。

（三）技术路线

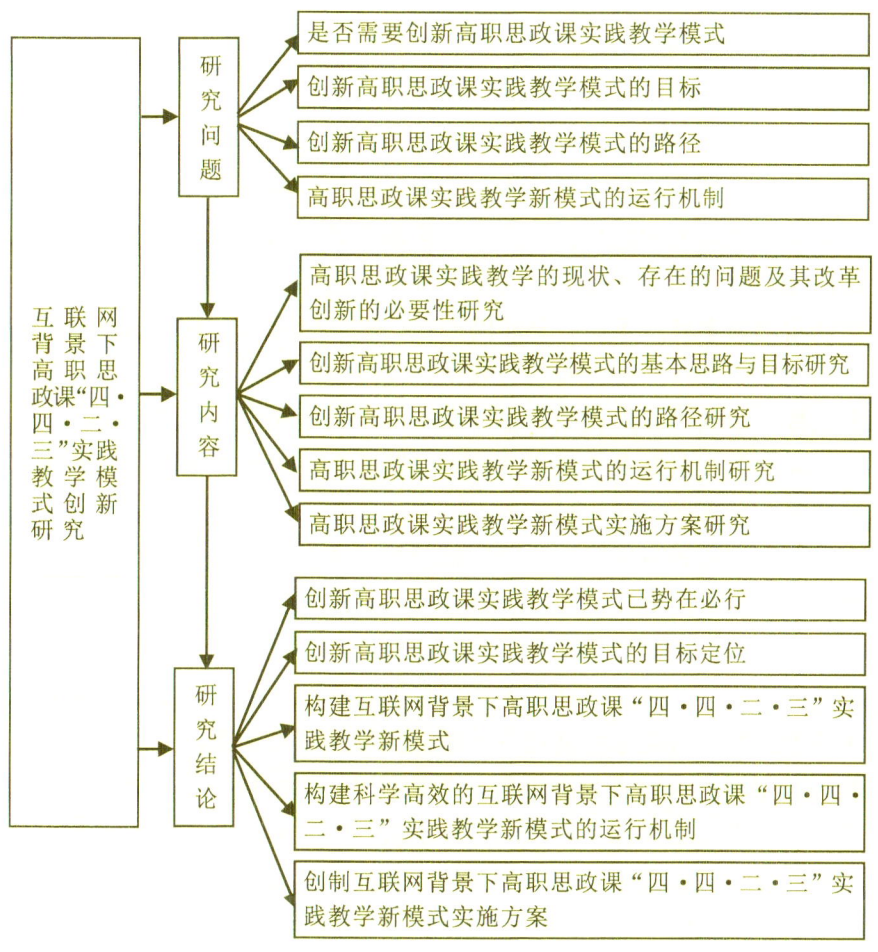

图 1-1　技术路线图

第三节 研究内容

一、主要创新点

（一）在互联网背景下改革创新高职思政课实践教学模式已势在必行

从高职学生的学习特点和思维特征及互联网时代高职思政课实践教学面临的机遇和挑战来分析，高职思政课传统的实践教学模式的不足与局限性越来越明显。因此，必须适应互联网时代发展的需要，对高职思政课传统实践教学模式进行改革创新，在继续保持高职思政课传统实践教学模式重视教师教的方面、教的过程的同时，高度重视学生学的方面、学习过程和学习效果，高度重视学生学习主体作用的充分发挥，实现"教师教、学生'学中做、做中学'"的完美统一。

（二）互联网背景下高职思政课实践教学模式改革创新的目标是培养担当民族复兴大任的时代新人

互联网背景下高职思政课实践教学模式改革创新的目标是：培养德智体美劳全面发展的中国特色社会主义事业的合格建设者和可靠接班人，培养担当民族复兴大任的时代新人。具体来说，该目标又可细分为知识目标、技能目标和素质目标。其中，知识目标是指对高职学生进行系统的马克思主义理论教育并使其理解和掌握，帮助高职学生验证高职思政课理论并使其真懂真信真用；技能目标是指提高高职学生运用马克思主义立场、观点、方法发现、分析、解决问题的能力和创新能力；素质目标是指帮助高职学生养成良好品行和习惯，帮助高职学生树立正确的世界观、人生观和价值观。

（三）互联网背景下高职思政课实践教学模式改革创新的路径是构建互联网背景下高职思政课"四·四·二·三"实践教学新模式

1. 高职思政课"四·四·二·三"实践教学新模式中的第一个"四"是指搭建四种高职思政课实践教学平台，即在高职思政课实践教学中,分别搭建课堂实践教学平台、校内实践教学平台、校外实践教学平台和网络虚拟实践教学平台等四种高职思政课实践教学平台。

2. 高职思政课"四·四·二·三"实践教学新模式中的第二个"四"是指实施高职思政课实践教学四项创新工程,即高职思政课实践教学理念创新工程、内容创新工程、手段创新工程和方法创新工程等四项创新工程。

3. 高职思政课"四·四·二·三"实践教学新模式中的"二"是指健全高职思政课实践教学的二种机制,即健全高职思政课实践教学保障机制和健全高职思政课实践教学考核评价机制。其中,健全高职思政课实践教学保障机制主要包括健全高职思政课实践教学师资力量投入保障机制和经费投入保障机制等;健全高职思政课实践教学考核评价机制主要包括对高职思政课实践教学专兼职教师的考评机制和对高职学生的考评机制两种。

4. 高职思政课"四·四·二·三"实践教学新模式中的"三"是指实现高职思政课实践教学"三化"育人,即"全员化"育人、"全方位化"育人和"全程化"育人。其中,"全员化"育人是指由一员(即思政课教师)育人向全员(包括思政课教师、辅导员、班主任和专业课教师)育人转变;"全方位化"育人是指由课堂育人向课上、课下、线上、线下全方位(包括在课堂内、校内、校外和网络虚拟空间等全方位开展实践教学)育人转变;"全程化"育人是指由阶段性(即高职一年级)育人向全过程(包括高职一、二、三年级,涵盖高职学生从入学到毕业离校的全过程)育人转变。

上述内容构成结构完整、联系紧密、彼此相辅相成又相互促进的高职思政课实践教学新模式有机整体。

(四)构建科学高效的互联网背景下高职思政课"四·四·二·三"实践教学新模式的运行机制

互联网背景下高职思政课"四·四·二·三"实践教学新模式建立起来后,要充分发挥其作用,实现其目标,则必须构建科学高效的互联网背景下高职思政课"四·四·二·三"实践教学新模式的运行机制,如下图所示:

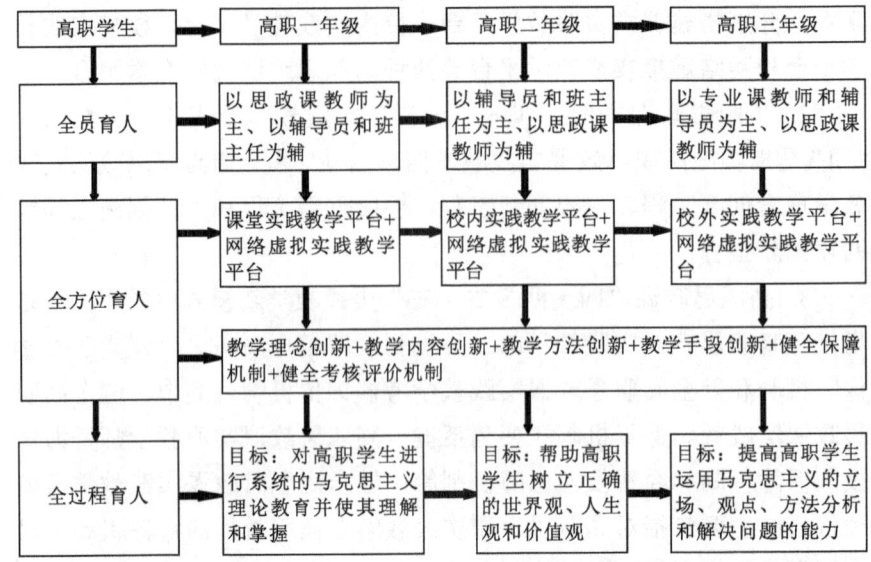

图 1-2　高职思政课"四·四·二·三"实践教学新模式的运行机制图

1. 高职思政课"四·四·二·三"实践教学新模式运行机制的主体和关键是学校成立的高职思政课实践教学领导小组、负责高职思政课实践教学的专兼职教师和高职学生。

2. 高职思政课"四·四·二·三"实践教学新模式运行机制的前进方向和动力源泉是高职思政课"四·四·二·三"实践教学新模式的目标，即培养德智体美劳全面发展的中国特色社会主义事业的合格建设者和可靠接班人，培养担当民族复兴大任的时代新人。

3. 高职思政课"四·四·二·三"实践教学新模式运行机制的保障条件是高职思政课实践教学软件、硬件条件建设。

4. 高职思政课"四·四·二·三"实践教学新模式运行机制的激励约束机制是构建科学规范的高职思政课实践教学考核评价与奖惩新机制。

（五）创制互联网背景下高职思政课"四·四·二·三"实践教学新模式实施方案

根据教育部发布的《高等学校思想政治理论课建设标准》中的相关规定，并结合高职思政课实践教学实际情况，特创制高职思政课

"四·四·二·三"实践教学新模式实施方案。

本实施方案由高职思政课实践教学的目标、学分与学时、组织形式、课堂实践教学、校内实践教学、校外实践教学、网络虚拟实践教学、学生成绩评定、高职思政课实践教学经费来源及其使用规定、本实施方案的解释部门及生效时间等内容组成。

二、问题与展望

（一）存在问题

1. 由于互联网时代高职思政课实践教学模式的理论和实践均呈现持续性高速发展的态势，再加上受研究资料、研究样本和研究能力等的限制，本研究存在一定局限性。随着时代的发展和情况的变化，本研究所得出的结论即互联网背景下高职思政课"四·四·二·三"实践教学新模式在理论和实践方面都有待于更深层次的研究。

2. 本研究所得出的结论即互联网背景下高职思政课"四·四·二·三"实践教学新模式的目标、路径及运行机制等需进一步验证其有效性，使其更具有可操作性。

（二）后续研究设想

继续加强对本研究所得出的结论即互联网背景下高职思政课"四·四·二·三"实践教学新模式在理论和实践方面的验证研究，不断总结理论和实践两方面经验，进一步深入研究和完善互联网背景下高职思政课"四·四·二·三"实践教学新模式的路径及运行机制，等等。

第二章 互联网背景下高职思政课实践教学现状及存在问题研究

第一节 研究背景

一、学情背景分析

（一）高职学生的学习特点

1. 学习基础较差、底子较薄。高职学生参加高考取得的成绩往往不太理想，对上高职之前所学知识记得不牢或者不准确，且一知半解。2. 上高职后学习目的不是很清晰，不知道为谁学、为什么学，学习缺乏积极性和主动性。3. 自学能力比较差，没有找到适合自己的最佳学习方法和手段，有时甚至不知道如何开展有效的学习，普遍缺乏举一反三的能力，学习效率低下。4. 学习自控力不强，课堂上注意力不能聚焦在学习上。高职学生在课堂上玩手机、交头接耳、走神的情况时有发生，其往往把娱乐和游戏当成了主业，把学习和实践变成了副业。

（二）高职学生的思维特征

1. 有强烈的自我意识，对丰富多彩的实践活动流连忘返，对枯燥的理论和空洞的说教不感兴趣。2. 形象思维较理性思维活跃很多，感情丰富，总有奇思妙想，但心理情绪不稳定，自发性、盲目性和冲动性比较突出。3. 对感性知识和具体内容的掌握能力较强，对"做中学、学中做"比较感兴趣；对理性知识和抽象内容的掌握能力较弱，对"教师教、学生学"的满堂灌方式缺乏兴趣。

基于以上分析，要求高职思政课实践教学必须充分考虑高职学生的特点、接受能力及其自身成长规律等。

二、互联网时代背景分析

从1994年我国成为接入国际互联网的国家之时起，互联网开始走进寻常百姓家，并对人们的生产、生活和学习产生越来越广泛的影响，我们也由此进入互联网时代。

（一）互联网时代高职思政课实践教学面临的机遇

1. 互联网为高职思政课实践教学提供了新的平台和载体。互联网时代，高职思政课实践教学面临的机遇之一是可以运用互联网和信息技术搭建高职思政课网络虚拟实践教学平台。通过该平台，在高职思政课实践教学中，师生之间的信息传递、沟通交往可以不受时间和空间的限制，真正实现师生之间的双向互动，从而提高高职思政课实践教学的针对性和实效性。

2. 互联网丰富了高职思政课实践教学的内容。互联网时代，高职思政课实践教学面临的机遇之二是教师可以通过互联网搜索到学生平时关注度比较高的热点问题、焦点事件，然后进行接地气的分析和点评，使高职学生产生共鸣，从而"润物细无声"地对学生进行马克思主义理论教育，促使学生树立正确的世界观、人生观和价值观。与此同时，面对互联网上的海量信息，教师可以有意识地训练高职学生运用马克思主义立场、观点、方法分析辨识网络信息的是非曲直，从而引导高职学生有选择地从互联网获取健康有益的知识和信息。由此可见，互联网丰富了高职思政课实践教学的内容。

3. 互联网拓展了高职思政课实践教学的方法和手段。互联网时代，高职思政课实践教学面临的机遇之三是不仅在教学方法方面有了更多的选择空间，如可以采用互动式教学法、线上线下相结合的混合式教学法以及微话剧、微电影、微视频、微课、慕课等教学方法，而且在教学手段方面也有了更多的选择余地，如可以采用微信、微博、QQ、短信和电子邮件等教学手段。

（二）互联网时代高职思政课实践教学面临的挑战

1. 互联网的发展客观上对高职思政课实践教学理念提出了挑战。在互联网出现之前，学生主要通过教师获取知识和信息，这在客观上造成了教师和学生的地位不平等，由此产生了"以教师为中心""教师主角与学生配角"等实践教学理念。在互联网出现之后，由于互联网的开放性、广泛性和及时性特点，学生除了可以通过教师获取知识和信息外，还可以通过互联网获取知识和信息。从这个意义上说，教师和学生的地位是平等的。这种教师和学生的地位变化必然要求高职思政课实践教学教师更新实践教学理念，具体包括：一是将"以教师为中心"的实践教学理念转变为"以教师、学生为中心并且师生地位平等"的实践教学理念；二是将"教师主角与学生配角"的实践教学理念转变为"教师主导加引导与学生主体的双主体、双主角"的实践教学理念。

2. 互联网的发展客观上对部分高职学生人际沟通交往能力的提升提出了挑战。培养高职学生的人际沟通交往能力是高职思政课实践教学的重要任务之一。当前，互联网的发展正悄然改变着高职学生的人际沟通交往方式。现在的高职学生是"95 后"，他们从小生活在互联网时代，在校期间人人上网、日日上网，对互联网的依赖性与日俱增。他们当中的部分人与外界的沟通交往大多通过网购、网络聊天等网络方式完成，与他人面对面沟通交往的机会相对减少，这部分高职学生在现实生活中的人际沟通交往能力呈现不升反降的趋势。由此可见，互联网的发展客观上对部分高职学生人际沟通交往能力的提升提出了挑战。

3. 互联网的发展客观上对部分高职学生良好品行的养成提出了挑战。让高职学生养成良好品行是高职思政课实践教学的重要任务之一。在现实生活中，当高职学生遭受了挫折或者遇到了矛盾和冲突时，大多数人会想办法恢复信心、解决矛盾和冲突，但也有部分人则是躲进虚拟的网络空间寻找自信心，并在虚拟世界无节制地宣泄自己的不满和愤怒。如果听任此种情况继续发展，那么这部分高职学生在现实生活中的道德感就会越来越弱化，这显然不利于这部分高职学生良好品行的养成。

第二节 核心概念

一、高职思政课

高职思政课是指为高职学生开设的思想政治理论课,目前包括《毛泽东思想和中国特色社会主义理论体系概论》(4学分)、《思想道德修养与法律基础》(3学分)和《形势与政策》(1学分)等三门课程,每门课程均由理论教学和实践教学二部分组成。2015年9月10日,教育部在《高等学校思想政治理论课建设标准》(教社科〔2015〕3号文件)中明确规定:"统筹思想政治理论课各门课的实践教学、落实学分(本科2学分,专科1学分)"。由此可见,教育部规定的高职思政课实践教学为1学分。

二、实践教学

高职思政课实践教学是指在教师的指导、引导下,高职学生通过"学中做、做中学"验证理论、提升品行修养、锻造动手能力和创新能力,并完成教师布置的高职思政课实践教学任务的教学活动。高职思政课实践教学有广义实践教学和狭义实践教学之分,广义实践教学是指高职学生在教师的指导下采用学做相结合的方式完成教师布置的高职思政课实践教学任务的一切教学活动,包括在课堂内、校内、校外和网络虚拟空间等全方位开展的高职思政课实践教学;狭义实践教学一般仅指高职学生在教师的指导下采用学做相结合的方式在校外实施的社会实践活动。根据高职思政课实践教学的特点和任务,高职思政课实践教学应为广义实践教学。

三、教学模式

教学模式是指为实现一定的目标,在一定教学思想和理论的指导下建立起来的较为稳定的教学活动的基本程序、操作步骤及教学活动整体与各要素之间有机联系的框架结构的总称。一般来说，教学模式主要包括教学目标、教学理论、实现条件、操作程序、教学评价、教学反馈与反思等6个要素，这6个要素与教学活动整体之间的有规律的相互联系、相互促进、相辅相成就构成教学模式的框架结构。从现有的资料来看，美国的乔伊斯、韦尔等人是最早将"模式"一词引入到教学领域并加以研究的人，他们于1972年合著出版了 *Models of Teaching* 一书。

第三节 高职思政课实践教学现状

一、高职思政课实践教学师资严重不足

高职思政课是面向全体高职学生开设的必修课。随着我国高职教育招生规模的不断扩大，高职在校生人数与日俱增，但高职思政课教师人数增长缓慢。为解决生师比失衡的问题，高职思政课教学普遍采用大班或者中班教学的形式。此举虽然勉强完成了高职思政课的理论教学任务，但高职思政课实践教学效果却因思政课教师严重不足而大打折扣。

二、高职思政课实践教学时间过短

高职思政课实践教学承担着帮助学生树立正确的世界观、人生观、价值观，以及提高高职学生运用马克思主义的立场、观点、方法分析和解决各种问题的能力的任务。因此，高职思政课实践教学应当贯穿学生从入校到毕业的全过程，但目前高职思政课实践教学仅局限于高职一年级，时间太短，不利于高职学生良好行为习惯的养成。

三、高职思政课实践教学流于形式

目前，虽然高职院校均不同程度地开展了思政课实践教学，但部

分高职思政课实践教学流于形式，其具体表现是：（一）高职思政课实践教学缺乏独立、完整、详细、可操作的教学计划；（二）因受场地、经费、时间、学生安全等因素的制约，高职思政课实践教学往往无法顺利进行；（三）高职思政课实践教学形式单一，主要是组织学生收听观看音视频或者参观实践教学基地，并在活动结束后由参加活动的学生上交一份实践报告，这种单一的实践教学形式无法使高职学生真正领悟到开展高职思政课实践教学的意义，故目前的高职思政课实践教学形式有待进一步创新；（四）校内思政课实践教学基地缺乏，校外思政课实践教学基地距离学校较远，这严重制约了高职思政课实践教学的顺利开展；（五）高职学生参加高职思政课实践教学的考核成绩占高职学生思政课总成绩的比例不高，无法调动高职学生参与高职思政课实践教学的积极性和主动性。由此可见，目前，高职思政课实践教学流于形式，严重制约了高职思政课教学质量的提升。

第四节　高职思政课实践教学存在的问题

一、部分高职思政课实践教学师资队伍不尽如人意

高职思政课实践教学要求教师既要有丰富的理论知识和理论素养，又要有较强的实践能力、人际交往能力和组织协调能力。但目前部分高职思政课实践教学师资队伍却不尽如人意，其具体表现是：（一）部分教师对高职思政课实践教学的内容、方式和手段不熟悉，且实践能力不强；（二）由于目前教师取得的科研成果是教师职称评定的主要依据之一，因而一些教师对开展高职思政课实践教学的积极性不高；（三）高职思政课实践教学出成果非常困难，但因其涉及学生安全问题，却非常容易出事故，因而一些教师在心态上对高职思政课实践教学有畏难情绪。

二、部分高职思政课实践教学 1 学分的落实情况不理想

如前所述，2015 年 9 月 10 日，教育部在《高等学校思想政治理论课建设标准》中明确规定高职思政课实践教学为 1 学分。但目前部分高职落实思政课实践教学 1 学分的情况不理想，其具体表现为：(一)从课时数量来说，部分高职思政课实践教学因受教师人数、时间、场地、学生安全、经费等诸多因素的限制，其实践教学的课时达不到 1 学分所要求的课时，有的高职甚至没有开展过思政课实践教学；(二)从课时质量来说，部分高职虽然开展了思政课实践教学，但其实践教学过于简单，主要是组织高职学生参观、调查等，让高职学生撰写心得体会、调查报告交任课教师评阅。这两种方式的优点是参与高职思政课实践教学的学生人数较多，实践教学主题明确，但缺点是时间太短、实践教学内容不丰富。由此可见，部分高职思政课实践教学 1 学分的落实情况确实不理想。

三、部分高职思政课实践教学效果不容乐观

如上所述，目前，有部分高职思政课实践教学的课时数量达不到教育部规定的标准，另有部分高职思政课实践教学的课时质量不太理想，因此，这两部分高职思政课实践教学的效果也必然不容乐观。

第三章 互联网背景下改革创新高职思政课实践教学模式研究

第一节 互联网背景下创新高职思政课实践教学模式的必要性研究

一、创新高职思政课实践教学模式是贯彻落实中宣部和教育部文件精神的需要

2015年7月27日,中宣部和教育部在《普通高校思想政治理论课建设体系创新计划》(教社科〔2015〕2号文件)中明确提出:"进一步规范实践教学。"由此可见,创新高职思政课实践教学模式是贯彻落实中宣部和教育部文件精神的需要。

二、创新高职思政课实践教学模式是高职教育题中应有之义

高职教育的目标是培养高技能人才,而要将高职教育中学生所学知识转化为技能,就必须高度重视实践教学,使学生在"做中学、学中做",通过实践教学使高职学生在不知不觉中实现所学知识向技能的转化。由此可见,创新高职思政课实践教学模式是高职教育题中应有之义。

三、创新高职思政课实践教学模式是高职学生成长成才的需要

一方面,开展高职思政课实践教学,使学生身临其境,亲身实践、亲身体验和亲身感受,不仅有利于巩固和加深学生对所学高职思政课

理论的理解和掌握，使其对所学理论真懂、真信、真用，还有利于帮助学生形成正确的世界观、人生观和价值观，养成良好的行为习惯；另一方面，开展高职思政课实践教学，通过理论联系实际，不仅有利于培养学生的动手能力，而且有利于提高学生运用马克思主义的立场、观点、方法分析和解决各种问题的能力。

第二节 互联网背景下创新高职思政课实践教学模式的基本思路研究

一、深入贯彻落实党的十九大精神和习近平新时代中国特色社会主义思想

深入贯彻落实党的十九大精神和习近平新时代中国特色社会主义思想是我国当前和今后一个时期的首要政治任务，因此，改革创新高职思政课实践教学模式必须以党的十九大精神和习近平新时代中国特色社会主义思想为指导，深入推进党的十九大精神和习近平新时代中国特色社会主义思想入脑入心。

二、创新高职思政课实践教学模式应充分体现高等职业教育的特点

高等职业教育属于专科层次的教育，其与本科教育在人才培养目标、学制等方面有明显区别，因此，改革创新高职思政课实践教学模式必须充分体现高等职业教育的特点，根据高等职业教育的人才培养目标、学制等有的放矢地改革创新高职思政课实践教学模式。

三、创新高职思政课实践教学模式应充分考虑高职学生的特点，并符合其自身成长的规律

如前所述，高职学生一般具有学习基础较差、学习目的不是很清晰、自学能力比较差、学习效率低下、学习自控力不强等学习特点和

自我意识强烈、形象思维较理性思维活跃很多、对感性知识和具体内容的掌握能力较强、对理性知识和抽象内容的掌握能力较弱等思维特征，因此，创新高职思政课实践教学模式必须充分考虑高职学生的特点、接受能力及其自身成长规律等。

四、创新高职思政课实践教学模式必须将其与高职学生的日常生活融为一体

如果高职思政课实践教学与高职学生的日常生活脱节，则不仅不利于调动高职学生参与高职思政课实践教学的积极性和主动性，而且也不利于高职学生养成良好的品行和习惯，从而无法实现高职思政课实践教学的目标，因此，高职思政课实践教学必须与高职学生的日常生活融为一体。

五、创新高职思政课实践教学模式应充分考虑高职思政课实践教学的实际

高职思政课实践教学可分为校内和校外、课堂内和课堂外、线上和线下等多种形式。由于校外实践教学活动的组织实施容易受时间、经费、场地、师资、学生安全等诸多因素的制约，因此仅靠高职思政课任课教师是无法单独顺利完成的。因此，目前高职思政课实践教学必须遵循的原则是：校内与校外兼顾，以校内实践教学为主；课堂内与课堂外并举，重心由课堂外转向课堂内；线上与线下相结合；等等。唯有如此，高职思政课实践教学的实施成本才能大大降低，而其实效性才能大大增强。

六、创新高职思政课实践教学模式应实现全员育人、全方位育人和全过程育人

全员育人是指由传统的一员（即思政课教师）育人向全员（包括思政课教师、辅导员、班主任和专业课教师）育人转变；全方位育人是指由传统的课堂育人向课上、课下、校内、校外、线上、线下全方位育人转变；全过程育人是指由传统的阶段性（即高职一年级）育人向全过程（包括高职一、二、三年级）育人转变。上述全员育人、全方位育人和全过程育人构成相互联系、相互促进、相辅相成的高职思政课实践教学有机整体。

七、创新高职思政课实践教学模式应充分运用现代信息技术，并充分发挥互联网和智能手机等移动终端在高职思政课实践教学中的作用

在互联网时代，开展高职思政课实践教学的教师要充分运用现代信息技术，实现高职思政课实践教学的传统优势与现代信息技术高度融合，让学生对高职思政课实践教学内容有直观的、具体的、形象的感受，增强高职思政课实践教学的时代感和吸引力。随着互联网的飞速发展，智能手机等移动终端已成为高职思政课实践教学过程中教师与学生开展沟通交流的新渠道，高职师生之间可以利用互联网和智能手机通过微博、微信、QQ、短信、电子邮件等随时随地展开讨论，因此，必须充分发挥互联网和智能手机等移动终端在高职思政课实践教学中的作用。

第三节 互联网背景下高职思政课实践教学模式改革创新的目标定位研究

如上所述，既然在互联网时代改革创新高职思政课实践教学模式已是大势所趋，那么接下来首要的任务就是要确定互联网背景下高职思政课实践教学模式改革创新的目标，因为只有确定了高职思政课实践教学模式改革创新所要达到的目标，才能有针对性地找到实现目标的路径和举措。从这个意义上说，没有目标就意味着无的放矢，即使找到最好的路径和举措也是毫无意义的。

一、总目标

互联网背景下高职思政课实践教学模式改革创新的总目标是：培

养德智体美劳全面发展的中国特色社会主义事业的合格建设者和可靠接班人，培养担当民族复兴大任的时代新人。具体来说，该目标又可进一步细分为知识目标、技能目标和素质目标。

二、具体目标

（一）知识目标

知识目标是指对高职学生进行系统的马克思主义理论教育并使其理解和掌握，帮助高职学生验证高职思政课理论并使其真懂、真信、真用。

（二）技能目标

技能目标是指提高高职学生运用马克思主义立场、观点、方法发现、分析、解决问题的能力和创新能力。

（三）素质目标

素质目标是指帮助高职学生养成良好品行和习惯，帮助高职学生树立正确的世界观、人生观和价值观。

第四节　互联网背景下改革创新高职思政课实践教学模式的路径研究

互联网背景下改革创新高职思政课实践教学模式的路径是：构建互联网背景下高职思政课"四·四·二·三"实践教学新模式。该模式的基本内容如下：

一、搭建四种高职思政课实践教学平台

搭建四种高职思政课实践教学平台是指在高职思政课实践教学中，分别搭建课堂实践教学平台、校内实践教学平台、校外实践教学平台和网络虚拟实践教学平台等四种高职思政课实践教学平台，其具体内容如下：

（一）创建课堂实践教学平台，实施高职思政课课堂实践教学

建设高职思政课学生校园问卷调查平台、高职学生新闻播报室和

校园情景剧录播中心等，由思政课实践教学教师引导学生在课堂上播报历史上的今天、宣讲思政课案例、表演由学生自编自导自演的与思政课有关的课堂微话剧、公布学生自己策划实施的与自身学习和生活有关的各种问卷调查的调研报告等，培养学生的动手能力，使学生在"做中学、学中做"，潜移默化地对高职学生进行社会主义核心价值观教育。

（二）搭建校内实践教学平台，实施高职思政课校内实践教学

立足校内资源，以专题的形式实施高职思政课校内实践教学，主要途径有：1.参观学校图书馆，开展珍惜大学生活专题体验及实践活动；2.参观学校优秀毕业生事迹长廊，开展职业道德专题体验及实践活动；3.利用校内模拟法庭，开展法治中国专题体验及实践；4.利用校内众创空间，开展就业创业形势专题体验及实践；5.利用校内思政课实践教学演练中心，开展马克思主义中国化专题研练活动；6.利用校内现代书院，开展毛泽东诗词、红色经典电影鉴赏和"两岸一家亲、共筑中国梦"诗歌诵读活动；7.利用校内文化广角，开展思政课知识竞赛和"中国梦、我的梦"征文比赛活动；8.参观学校校史馆，以"改革开放以来我家乡的变化"为题开展学生微视频比赛等。

（三）拓展校外实践教学平台，实施高职思政课校外实践教学

积极拓展校外实践教学基地，并以校外社会实践教学作为高职思政课实践教学的补充。目前，校外社会实践教学活动大体有参观博物馆、纪念馆、故居旧址以及具有历史文化风貌的街区等，对特定对象或者不特定对象进行问卷调查，志愿服务与公益活动，专业课实习等四大类。其中，参观和问卷调查重在了解国情、社情、民情；志愿服务与公益活动主要是组织学生依托其专业知识广泛开展科技文化法律等服务活动；专业课实习是学生在实习中通过亲身道德实践锤炼自己的品格。

（四）创设网络虚拟实践教学平台，实施高职思政课网络虚拟实践教学

以网络虚拟实践教学作为高职思政课实践教学的辅助形式。实现高职思政课网络虚拟实践教学的途径有如下几种。1.建设高职思政课网络虚拟实践教学平台。该平台的功能主要包括：网上自主学习（下

设毛泽东思想和中国特色社会主义理论体系概论、思想道德修养与法律基础和形势与政策等栏目）、理论园地（下设经典文献、理论前沿和理论探讨等栏目）、时政要闻（下设思政课资讯、时政要闻、时事解读等栏目）、教学管理（下设政策文件、通知安排、工作动态等栏目）、模拟考试和练习、在线作业提交系统、资源共享、经验交流和虚拟实践（下设网络调研、虚拟网上体验、"网事"研究、虚拟建构等栏目）等。2. 开发严肃的高职思政课实践教学网络游戏。通过游戏的方式，将高职思政课的教学内容蕴含在游戏的各关卡之中，学生在打游戏的过程中即可学习到相关知识。3. 设计、开发一款适合高职学生使用的思政课手机客户端移动 APP，使其功能设置与思政课主要内容、学生校园生活息息相关。高职学生通过手机即可随时随地查询、完成高职思政课实践教学的相关任务。

二、实施高职思政课实践教学四项创新工程

高职思政课实践教学四项创新工程是指高职思政课实践教学理念创新工程、内容创新工程、手段创新工程和方法创新工程等四项创新工程，其具体内容如下。

（一）高职思政课实践教学理念创新工程

如前所述，在互联网出现之前，学生主要通过教师获取知识和信息。在互联网出现之后，学生除了通过教师获取知识和信息外，还可以通过互联网获取知识和信息。从这个意义上说，教师和学生的地位是平等的。这种地位的变化必然要求高职思政课实践教学教师更新实践教学理念，具体包括：一是树立"以教师、学生为中心且师生平等"的高职思政课实践教学理念，将过去的"以教师为中心"、强调教师的主角地位转变为以教师为主导、学生为主体的新型实践教学关系；二是教师由实践教学的主讲者变为实践教学的主导者和学生学习的引导者，学生由实践教学的配角变为实践教学的参与者和学习的主体，在互联网背景下，高职思政课教师不仅要向学生传授知识，更为重要的是引导学生有选择地从互联网获取有益的知识和信息，并教会其明辨是非曲直；三是实践教学活动由"教师教、学生学"的单向传授转变为

师生互动和生生互动,从而使高职思政课实践教学活动充满生机与活力。

（二）高职思政课实践教学内容创新工程

在高职思政课实践教学内容上,应实行高职思政课实践教学内容与理论教学内容一体化,其具体内容如下。

1. 高职《思想道德修养与法律基础》课程（以下简称《基础》课程）的实践教学内容应与其理论教学内容融为一体,其具体内容如下表：

表 3-1 《基础》课程实践教学内容与理论教学内容一体化表

教学模块	《基础》课程实践教学内容与理论教学内容一体化		
	理论教学内容	实践教学内容	
绪论	我们处在中国特色社会主义新时代；时代新人要以民族复兴为己任	课堂案例宣讲	惊天一落救新鹰
		课堂调研报告	高职学生学业情况调查
		课堂微话剧	服务季
思想教育	人生的青春之问	课堂案例宣讲	一辈子隐姓埋名的科学家
		课堂调研报告	高职学生参加学生社团活动情况调查
		课堂微话剧	责任季
	坚定理想信念	课堂案例宣讲	信念的价值
		课堂调研报告	高职学生文明情况调查
		课堂微话剧	监督季
	弘扬中国精神	课堂案例宣讲	国家利益重于一切
		课堂调研报告	高职学生课外生活情况调查
		课堂微话剧	学习季
	践行社会主义核心价值观	课堂案例宣讲	信义兄弟
		课堂调研报告	高职学生诚信状况调查
		课堂微话剧	诚信季
道德教育	明大德守公德严私德	课堂案例宣讲	背着母亲读大学
		课堂调研报告	高职学生道德状况调查
		课堂微话剧	模拟面试
法治教育	尊法学法守法用法	课堂案例宣讲	武汉首起"高考移民"案
		课堂调研报告	高职学生法治意识状况调查
		课堂微话剧	民法相关案例
		课堂案例宣讲	网络不是法外之地
		课堂调研报告	高职学生校外兼职情况调查
		课堂微话剧	刑法相关案例

2. 高职《毛泽东思想和中国特色社会主义理论体系概论》课程(以下简称《概论》课程)的实践教学内容应与其理论教学内容融为一体,其具体内容如下表:

表3-2 《概论》课程实践教学内容与理论教学内容一体化表

教学模块	《概论》课程实践教学内容与理论教学内容一体化		
	理论教学内容	实践教学内容	
毛泽东思想	毛泽东思想及其历史地位	课堂案例宣讲	回望毛泽东
		课堂调研报告	高职学生信仰状况调查
		学生征文大赛	红色书籍读后感评比活动
	新民主主义革命理论	课堂案例宣讲	处决黄克功
		课堂调研报告	高职学生课外阅读状况调查
		学生征文大赛	爱国主义影片观后感评比活动
	社会主义改造理论	课堂案例宣讲	同仁堂的新生
		课堂调研报告	高职学生手机使用状况调查
		学生征文大赛	"社会主义改造"图片展观后感评比活动
	社会主义建设道路初步探索的理论成果	课堂案例宣讲	"千年伟人"马克思
		课堂调研报告	高职学生网络利用状况调查
		学生公开课大赛	《概论》课程相关章节内容
邓小平理论、"三个代表"重要思想、科学发展观	邓小平理论	课堂案例宣讲	邓小平"三落三起"的传奇人生
		课堂调研报告	改革开放以来我家乡变化情况调查
		学生摄影大赛	以"改革开放以来我家乡的新变化"为主题开展学生摄影作品大赛
	"三个代表"重要思想	课堂案例宣讲	又一座里程碑
		课堂调研报告	高职学生家庭生活水平情况调查
		学生演讲大赛	以"感恩"为主题开展演讲比赛
	科学发展观	课堂案例宣讲	走在科学发展道路上的新北京
		课堂调研报告	高职学生创新创业状况调查
		学生知识竞赛	改革开放专题知识竞赛
习近平新时代中国特色社会主义思想	习近平新时代中国特色社会主义思想及其历史地位	课堂案例宣讲	习近平的七年知青岁月
		课堂调研报告	高职学生成长规划情况调查
		学生征文大赛	《习近平讲故事》读后感评比活动

续表

教学模块	《概论》课程实践教学内容与理论教学内容一体化		
	理论教学内容	实践教学内容	
习近平新时代中国特色社会主义思想	坚持和发展中国特色社会主义的总任务、"五位一体"总体布局、"四个全面"战略布局	课堂案例宣讲	千年寻梦
		课堂调研报告	高职学生消费情况调查
		学生风采大赛	评选最美高职学生
	全面推进国防和军队现代化、中国特色大国外交	课堂案例宣讲	人民军队的大跨越
		课堂调研报告	高职学生参与志愿服务情况调查
		学生情景剧大赛	养成高职学生良好的品行、习惯
	坚持和加强党的领导	课堂案例宣讲	"两个务必"代代传
		课堂调研报告	高职学生参与社会实践活动情况调查
		学生知识竞赛	高职学生党史知识竞赛

（三）高职思政课实践教学手段创新工程

互联网背景下高职思政课实践教学在教学手段方面有了更多的选择余地，因此，高职思政课实践教学应积极实施教学手段创新工程，全面采用微信、微博、QQ、短信和电子邮件等教学手段。

（四）高职思政课实践教学方法创新工程

互联网背景下高职思政课实践教学在教学方法方面有了更多的选择空间，因此，高职思政课实践教学应积极实施教学方法创新工程，全面采用互动式教学法、线上线下相结合的混合式教学法和微话剧、微电影、微视频、微课、慕课等教学方法。

三、健全高职思政课实践教学二种机制

（一）健全高职思政课实践教学保障机制

一般来说，高职思政课实践教学保障机制主要包括师资力量投入保障机制和经费投入保障机制等。具体如下：

1. 进一步健全高职思政课实践教学师资力量投入保障机制

首先,学校制定和完善有关高职思政课实践教学的相关规定(包括教学大纲、授课计划和各种管理规定),明确教学人员的职责,使高职思政课实践教学有章可循;其次,根据高职思政课实践教学师资队伍的实际情况和发展需要,从校外积极引进高水平的高职思政课实践教学教师充实高职思政课实践教学教师队伍;再次,加强对高职思政课实践教学专兼职教师的培训力度,并对教师开展高职思政课实践教学探索在课题立项、评优表彰、职称职务晋升、奖励绩效发放等方面给予支持;最后,进一步加强对高职思政课实践教学的督导、研讨、经验交流和总结,及时推广普及有特色的、行之有效的高职思政课实践教学方法、手段等,实现经验共享,惠及全体学生。

2. 进一步健全高职思政课实践教学经费投入保障机制

首先,学校设立高职思政课实践教学专项经费,该专项经费今后应随着学校经费的增长而逐年增加,专款专用。其次,学校每年在校级课题中设立高职思政课实践教学专项课题,并给予经费支持,用于支持高职思政课实践教学。最后,从社会和优秀毕业生等资助的经费中拨付一部分经费用于高职思政课实践教学。

(二)健全高职思政课实践教学考核评价机制

按考评的对象来划分,可分为对专兼职教师的考核评价机制和对学生的考核评价机制。具体如下。

1. 进一步健全对高职思政课实践教学专兼职教师的考评机制

首先,合理设定考评主体。考评主体主要包括教师本人、同行、学生和督导人员等,其中,教师自评占10%、同行评教占25%、学生评教占40%、督导评教占25%。其次,规范考评内容。考评内容主要包括:(1)教师拟定的高职思政课实践教学实施方案的科学性、完整性和可操作性,占25%;(2)教师拟定的高职思政课实践教学实施方案实施的安全性、严密性和可控制性,占20%;(3)实践教学的实效性和可复制性,占40%;(4)实践教学总结的全面性和可推广性,占15%。最后,运用考评结果。为了表扬先进、鞭策后进,对高职思政课实践教学专兼职教师的考评结果将被广泛运用于课题立项、职称评定、职务升降、评优表彰、奖励绩效发放等方面。

2. 进一步健全对参与高职思政课实践教学的学生的考评机制

首先,合理设定考评主体。考评主体主要包括高职学生本人、同学、高职思政课实践教学教师、辅导员、班主任和专业课教师等,其中,学生自评占10%、同学互评占25%、高职思政课实践教学教师评学占25%、辅导员评学占20%、班主任和专业课教师评学占20%。其次,规范考评内容。考评内容主要包括:(1)高职学生参与高职思政课实践教学活动的次数和种类等,占25%;(2)高职学生参与高职思政课实践教学活动的态度和现实表现,占20%;(3)高职学生参与高职思政课实践教学活动在验证理论、锻造能力、养成良好品行习惯等方面的实际效果,占40%;(4)高职学生参与高职思政课实践教学活动总结的全面性和可推广性,占15%。最后,运用考评结果。为了表扬先进、鞭策后进,逐步将高职学生参与高职思政课实践教学的考核成绩占高职思政课总成绩的比例提升到75%。与此同时,对在高职思政课实践教学活动中表现优异的学生,经本人申请、学校按规定审核批准,可获得本门课程免考的奖励,并将其参与高职思政课实践教学的考核成绩登记为本门课程的最终成绩。

四、实行高职思政课实践教学"三化"育人

高职思政课实践教学"三化"育人是指教学人员全员化(包括学校全体与实践教学有关的教职工)、教学体系全方位化(包括在课堂内、校内、校外和网络虚拟空间等全方位开展实践教学)和教学时间全程化(涵盖高职学生从入学到毕业离校的全过程)。其具体内容如下。

(一)"全员化"育人

目前,高职思政课实践教学的教师为思政课专兼职教师。2018年4月12日,教育部印发的《新时代高校思想政治理论课教学工作基本要求》明确规定:"按照师生比不低于1∶350的比例设置专职思想政治理论课教师岗位。"实际上,有相当多的高职思政课专职教师人数并没有达到这一比例。基于此,构建高职思政课实践教学新模式必须实行全员育人。具体来说,高职一年级以思政课教师为主,以辅导员和

班主任为辅;高职二年级以辅导员和班主任为主,以思政课教师为辅;高职三年级以专业课教师和辅导员为主,以思政课教师为辅。

（二）"全方位化"育人

如前所述,分别搭建高职思政课课堂实践教学平台、校内实践教学平台、校外实践教学平台和网络虚拟实践教学平台,并创新高职思政课实践教学的理念、内容、方法和手段,变传统的高职思政课课堂育人为课上、课下、校内、校外、线上、线下全方位育人。

（三）"全程化"育人

从育人的时间来说,由传统的在高职一年级实施的阶段性育人向高职一、二、三年级全过程育人转变。其中,对高职一年级学生的教学目标为对其进行系统的马克思主义理论教育并使其理解和掌握;对高职二年级学生的教学目标为帮助其树立正确的世界观、人生观和价值观;对高职三年级学生的教学目标为提高其运用马克思主义的立场、观点、方法分析和解决各种问题的能力。

上述内容构成结构完整、联系紧密、彼此相辅相成的高职思政课实践教学新模式有机整体。

第五节 互联网背景下改革创新高职思政课实践教学模式的重点和难点研究

一、互联网背景下改革创新高职思政课实践教学模式的重点研究

（一）充分认识高职思政课实践教学的重要性

党的十八大以来,特别是2016年12月全国高校思想政治工作会议以来,高职思政课实践教学虽然得到了进一步重视,取得了很大成绩,积累了宝贵经验,且实践教学平台不断丰富,实践教学方法不断改进,但高职思政课实践教学依然是高职思政课教学中的薄弱环节,与培养高素质、高技能创新人才的要求还存在一定差距。因此,今后

在高职思政课教学工作中要切实改变重理论教学而轻实践教学的观念，注重知行统一，以加强高职思政课实践教学平台建设为重点，以创新高职思政课实践教学方法为基础，以加大高职思政课实践教学经费投入为保障，积极调动整合各方面资源，形成合力，不断推动高职思政课实践教学取得新成效。

（二）在高职思政课实践教学组织形式上，采用学生学习小组的教学组织形式

在高职思政课实践教学组织形式上，以学生学习小组为基本单元，以教学内容为主题，以教师为指导，以学生为主体。高职学生学习小组由高职学生根据其兴趣、特长和爱好等因素自愿组合，以6—8人最为合适。学习小组成员分别负责资料收集整理、计划和方案制定与实施、问卷调查、社会调研、资料分析、成果集成、成果展示、互动评价等工作，学习小组成员各有分工、各有职责、互助合作，共同完成思政课教师布置的实践教学任务。教师是学习小组任务的设计师，学习小组学生是学习小组任务的完成者。在教学过程中，师生共同活动，共同讨论，分别承担不同的角色，这样既增强了高职学生的沟通协调能力，又培养了学生的团队合作精神，使学生由被动学习变为主动学习，从而不断提高高职学生的思政课理论知识水平、综合素质和实践能力。

（三）以问题为导向创新高职思政课实践教学

以问题为导向创新高职思政课实践教学是指高职思政课教师先将高职思政课统编教材内容分解为知识目标、素质目标和技能目标，并从这三类目标中归纳整理出该教材内容的典型性理论与实践问题。对于典型性理论问题，实施教师与学生互动式教学、学生自主探究式学习等办法，并采用闭卷考试方式，促使高职学生实现高职思政课理论知识构建；对于典型性实践问题，先由高职思政课教师创设问题情境，再由高职学生按兴趣、爱好、特长或者地域自愿组成学习小组开展活动并解决教师设定的典型性实践问题，以提升高职学生素质。在此基础上，高职思政课教师再组织指导高职学生运用所学思政课理论知识分析和解决各种问题，从而提高其运用马克思主义立场、观点、方法分析和解决各种问题的能力。其具体内容如下图：

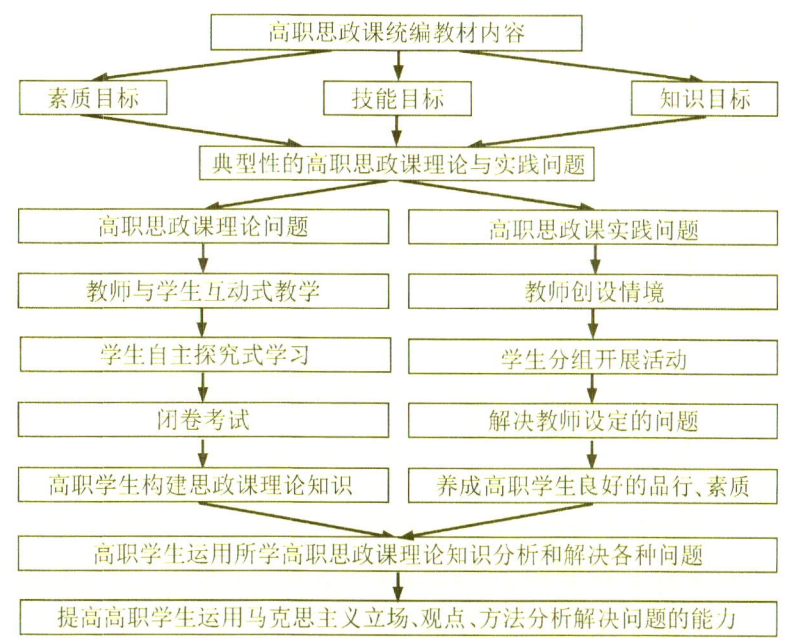

图 3-1　以问题为导向创新高职思政课实践教学图

（四）在步骤上，高职思政课实践教学由"四步骤"组成

"四步骤"是指高职思政课实践教学由搭建高职思政课实践教学平台、实践探究、撰写实践报告和展示实践成果等四个步骤组成。其中，搭建高职思政课实践教学平台是指为开展高职思政课实践教学而为师生创建高职思政课实践教学操作平台，主要包括高职思政课课堂、校内、校外和网络虚拟等四个实践教学平台；实践探究是指在高职思政课实践教学过程中，在教师设计、指导下，高职学生通过亲身实践来验证思政课理论、养成良好品行习惯、提升能力的活动；撰写实践报告是指在高职学生实践探究结束后，由参与高职思政课实践教学的学生在总结自己实践经验与收获的基础上完成自己实践报告的撰写工作；展示实践成果是指由参与高职思政课实践教学的学生展示自己实践探究的成果。

（五）在教学法上，运用"四种教学法"开展高职思政课实践教学

"四种教学法"是指问卷调查式教学法、参与式教学法、专题教学

法和案例教学法。其中，问卷调查式教学法是指在高职思政课课堂实践教学平台上，在教师指导、引导下，学生采用问卷调查形式完成教师布置的实践教学任务，撰写问卷调查报告，并在课堂展示问卷调查结论的一种教学方法，该教学法有利于提升高职学生运用所学思政课理论知识分析和解决实际问题的能力；参与式教学法是指在高职思政课校内实践教学平台上，在教师指导、引导下，高职学生积极主动地参与到实践教学环节中，在"学中做、做中学"，并完成教师布置的实践教学任务的一种教学方法，该教学法又包括模仿法、游戏法、竞赛法、辩论法和合作法等，该教学法有利于养成高职学生良好的品行习惯；专题教学法是指在高职思政课网络虚拟实践教学平台上，高职学生根据《基础》课程和《概论》课程的内容设计若干专题，并在教师指导、引导下开展专题实践探究的一种教学方法，该教学法有利于高职学生在实践中验证思政课理论并养成良好的品行和习惯；案例教学法是指在高职思政课校外实践教学平台上，在教师指导、引导下，高职学生在教师选取并讲授的一个或者几个教学案例的基础上，举一反三，主动探究，分析和解决各种问题的一种教学方法，该教学法有利于提高高职学生创新能力。

（六）建立健全科学的高职思政课实践教学考核评价新机制

目前，在高职学生思政课的成绩评定上，实行以期末考试成绩为主、以平时成绩和实践考核成绩为辅的考核办法。这种考核办法既不利于考查高职学生运用马克思主义的立场、观点、方法分析和解决各种问题的能力，同时在客观上也造成了高职学生平时不努力、考前临时抱佛脚的现象。为此，有必要对互联网背景下高职学生思政课成绩评定办法进行改革创新。在互联网时代，在高职学生思政课的成绩评定上，应大幅度提高实践考核成绩在学生总成绩中的比例。具体来说，一是加大高职学生实践考核成绩在学生思政课总成绩中的比例，以此调动高职学生参加思政课实践教学的积极性和主动性，充分发挥高职思政课实践教学的育人功能；二是加大对高职学生运用马克思主义的立场、观点、方法分析和解决各种问题的能力及创新能力的考核。这种考核办法既有助于减少高职学生的考试作弊行为，又能促进高职学生平时多努力学习，并减少其考前临时抱佛脚的现象。

二、互联网背景下改革创新高职思政课实践教学模式的难点研究

（一）建成高职思政课实践教学校内演练中心

该演练中心包括高职思政课课堂实践教学平台和高职思政课校内实践教学平台等。其中，高职思政课课堂实践教学平台由高职思政课实践教学活动录播中心、校园网络问卷调查信息系统、学生演练区和学生实践成果展示区等组成；高职思政课校内实践教学平台由实物照片、图文资料展示区，影视资料播放区，学生演练区和学生学习成果展示区等组成。同时，购置 VR 虚拟设备，让高职学生可以走出教室进行虚拟场景体验。该演练中心的内容涵盖《基础》课程和《概论》课程。师生在该演练中心开展高职思政课实践教学，可以极大地提高学生的学习兴趣和参与度，从而大幅度提升高职思政课实践教学的实效性，达到高职思政课实践教学的目标。

（二）建成高职思政课网络虚拟实践教学平台

该平台由高职思政课实践教学优质资源库、移动端师生互动反馈信息系统、在线测试信息系统以及高职思政课实践教学管理信息系统等组成。该平台的内容涵盖《基础》课程和《概论》课程。师生在该平台上开展高职思政课实践教学，可以不受时空限制全程参与高职思政课实践教学，从而极大地提升高职思政课实践教学的针对性和实效性。

（三）实施高职思政课"四制"实践教学

高职思政课"四制"实践教学的内容为：在高职思政课课堂实践教学平台上实行高职思政课启发式翻转课堂制实践教学，在高职思政课校内实践教学平台上实行高职思政课集中式校内竞赛制实践教学；在高职思政课网络虚拟实践教学平台上实行高职思政课自主式网上实践教学活动手册制实践教学；在高职思政课校外实践教学平台上实行高职思政课分散式课题制实践教学，其具体内容如下。

1. 在高职思政课课堂实践教学平台上实行高职思政课启发式翻转课堂制实践教学。随着互联网和大数据的发展，高职学生在高职思

政课实践教学活动中除了通过教师和网络知道"是什么"外，更要在教师的启发引导下搞清楚"为什么"，并深入思考"怎么办"。高职思政课启发式翻转课堂制实践教学是指这样一种实践教学形式：在高职思政课课堂实践教学中，在教师的引导启发下，学生根据自己的特长和爱好以5—7人为宜自愿组成学习小组，在课堂上围绕教师布置的实践教学主题面向全班同学播报新闻和历史上的今天、宣讲精心收集的案例、表演自编自导的课堂微话剧、公布问卷调查的调研报告等，再由高职学生本人、在场的其他同学评分，最后由教师点评赋分。实行高职思政课启发式翻转课堂制实践教学，有利于高职学生将思政课理论知识与现实生活、热点问题及学生身边的事例结合起来，通过收集资料、问卷调查、访谈座谈等身临其境、亲身体验，从而形成理论自信，并提高其运用所学思政课理论知识分析和解决问题的能力。

2. 在高职思政课校内实践教学平台上实行高职思政课集中式校内竞赛制实践教学。竞赛对高职教育的"教"与"学"具有独特的推动和促进作用。高职思政课集中式校内竞赛制实践教学是指这样一种实践教学形式：在高职《基础》课程的实践教学中，除寒暑假外，学校每年可以根据本校的实际情况举办四次由全校学生共同参与的与高职思政课相关的大赛。每名高职学生无论是亲自参赛还是作为大赛观众，均需自己独立完成一篇手写的心得体会，再由高职学生本人、同学和教师根据其在大赛中的表现和其撰写的心得体会进行评分。其中，每年3—4月可以举办全校学生思政课知识竞赛，5—6月可以举办全校学生思政课微话剧比赛，9—10月可以举办全校学生风采大赛，11—12月可以举办全校学生思政课公开课大赛。实行高职思政课集中式校内竞赛制实践教学，不仅有利于高职学生养成良好品行和习惯，也有利于培养学生的团队合作能力、人际沟通交往能力、语言表达能力等。

3. 在高职思政课网络虚拟实践教学平台上实行高职思政课自主式网上实践教学活动手册制实践教学。互联网时代，大部分高职学生已经养成手机不离手的习惯，同时逐渐丢掉了看书本和动笔的习惯。为改变这种状况，加强对高职思政课网上实践教学活动的全过程管理与考评，实行高职思政课自主式网上实践教学活动手册（以下简称手册）制实践教学已势在必行。该手册为 A4 纸共 35 页，每页均设有高职思政课网上实践教学活动的时间、地点、过程、心得体会、实践报告和总结等栏目。为便于高职学生自主学习，该手册还内附高职思政课实践教学实施方案和实践教学考评办法等。该手册是教师评定高职学生思政课网上实践教学活动平时成绩的重要依据之一。实行高职思政课自主式网上实践教学活动手册制实践教学，不仅有利于高职学生养成独立思考和动手记笔记的良好习惯，同时也是教师加强高职思政课网上实践教学过程管理的有效手段之一。

4. 在高职思政课校外实践教学平台上实行高职思政课分散式课题制实践教学。高职思政课分散式课题制实践教学是指这样一种实践教学形式：在高职《概论》课程的实践教学中，由《概论》课程任课教师制订《概论》课程实践教学实施方案，由家乡所在地相同或者相近的 4—8 名高职学生在任课教师所承担的课题之下组成一个子课题小组，在任课教师的安排和指导下，高职学生利用寒暑假，分散到全国各地广泛接触社会，在进行考察、调研、访谈、座谈、收集资料和实践的基础上撰写调研报告，提交任课教师评阅，并由学校对优秀的调研报告进行表彰奖励。实行高职思政课分散式课题制实践教学，不仅有利于高职学生验证理论，促使其形成理论自信，而且也有利于培养高职学生的动手能力和创新能力。

（四）积极构建高职思政课实践教学长效机制

高职思政课实践教学长效机制可从以下三个方面来构建。

1. 成立高职思政课实践教学领导小组。以学校党委书记和校长为组长、以分管学生工作的副书记和分管教学工作的副校长为副组长，成员包括学校下设的各院系、各相关部门和校外相关单位的主要负责人，该领导小组办公室设在学校思政课教学研究部门，由思政课教学研究部门负责人兼任该办公室主任，具体负责高职思政课实践教学的日常工作。

2. 积极开展高职思政课实践教学软件条件建设。该软件条件建设主要包括高职思政课实践教学教师队伍建设、高职思政课实践教学各项制度建设、高职思政课实践教学资源库建设和高职思政课实践教学管理信息系统建设等。

3. 扎实推进高职思政课实践教学硬件条件建设。该硬件条件建设主要包括高职思政课实践教学平台建设和高职思政课实践教学经费投入与增长机制构建等。

（五）高职思政课实践教学应实现"三结合"

"三结合"是指：为充分发挥所有高职专业课实践教学的育人功能和所有高职专业课教师的育人职责，必须实行高职思政课实践教学与高职专业课实践教学相结合；为创新高职思政课实践教学的渠道、充分发挥网络虚拟实践教学的作用，必须实行高职思政课课堂实践教学与网络虚拟实践教学相结合；为实施与高职思政课实践教学有关的资源整合，探索构建全学校全社会关心支持高职思政课实践教学的长效机制，必须实行高职思政课校内实践教学与校外实践教学相结合。

第六节 互联网背景下高职思政课实践教学新模式的运行机制研究

互联网背景下高职思政课"四·四·二·三"实践教学新模式建立起来后，要充分发挥其作用、实现其目标，则必须构建科学高效的高职思政课"四·四·二·三"实践教学新模式运行机制。

高职思政课"四·四·二·三"实践教学新模式的运行机制是指组成高职思政课"四·四·二·三"实践教学新模式的各种要素为实现其目标按一定规律科学高效地运行而构成的相互联系、相互促进又相辅相成的各种关系的总称，其具体内容如下。

一、高职思政课"四·四·二·三"实践教学新模式运行机制的主体和关键是学校成立的高职思政课实践教学领导小组、负责高职思政课实践教学的专兼职教师和高职学生

任何教学模式都离不开"教"与"学"，离不开教师与学生，没有教师与学生，则任何教学模式都将无法运行。互联网背景下高职思政课"四·四·二·三"实践教学新模式也同样离不开教师与学生,如果没有教师与学生,则高职思政课"四·四·二·三"实践教学新模式也同样无法运行。由此可见,高职思政课"四·四·二·三"实践教学新模式运行机制的主体和关键是学校成立的高职思政课实践教学领导小组、负责高职思政课实践教学的专兼职教师和高职学生。

二、高职思政课"四·四·二·三"实践教学新模式运行机制的前进方向和动力源泉是高职思政课"四·四·二·三"实践教学新模式的目标

任何教学模式的目标既是构成该教学模式的各要素的前进方向,同时也是构成该教学模式的各要素前进和高效运行的动力源泉,高职思政课"四·四·二·三"实践教学新模式也不例外。由此可见,高职思政课"四·四·二·三"实践教学新模式运行机制的前进方向和动力源泉是高职思政课"四·四·二·三"实践教学新模式的目标。

如上所述,互联网背景下高职思政课"四·四·二·三"实践教学新模式的目标是:培养德智体美劳全面发展的中国特色社会主义事业的合格建设者和可靠接班人,培养担当民族复兴大任的时代新人。此目标既是构成高职思政课"四·四·二·三"实践教学新模式的各要素的前进方向,同时也是推动高职思政课"四·四·二·三"实践教学新模式各要素科学高效运行的动力源泉。

三、高职思政课"四·四·二·三"实践教学新模式运行机制的保障条件是高职思政课实践教学软件、硬件条件建设

任何教学模式都离不开教学所需的各种硬件条件和软件条件的保障,如果缺乏教学所需的各种硬件条件和软件条件,则该教学模式将无法正常运行,高职思政课"四·四·二·三"实践教学新模式也不例外。由此可见,高职思政课"四·四·二·三"实践教学新模式运行机制的保障条件是高职思政课实践教学软件、硬件条件建设。

(一)扎实推进高职思政课实践教学硬件条件建设

高职思政课实践教学硬件条件建设主要包括高职思政课实践教学

经费投入与增长机制构建和高职思政课课堂、校内、校外和网络虚拟实践教学平台建设等。

（二）积极开展高职思政课实践教学软件条件建设

高职思政课实践教学软件条件建设主要包括高职思政课实践教学教师队伍建设、高职思政课实践教学考核评价机制建设和高职思政课实践教学理念、内容、方法和手段创新工程建设等。

四、高职思政课"四·四·二·三"实践教学新模式运行机制的激励约束机制是构建科学规范的高职思政课实践教学考核评价与奖惩新机制

激励约束机制就是建立在科学规范的考核评价基础之上的奖励与惩罚机制。任何教学模式的运行都离不开奖励与惩罚机制的规范，如果缺乏奖励与惩罚机制的规范，则该教学模式将无法正常运行，更谈不上科学高效的运行，高职思政课"四·四·二·三"实践教学新模式也不例外。由此可见，高职思政课"四·四·二·三"实践教学新模式运行机制的激励约束机制是构建科学规范的高职思政课实践教学考核评价与奖惩新机制。

考核评价与奖惩是高职思政课实践教学模式的一个不可或缺的环节，构建科学规范的高职思政课实践教学考核评价与奖惩新机制是改革创新高职思政课实践教学模式的题中应有之义。具体来说，该考核评价与奖惩新机制应包括以下主要内容。

（一）成立高职思政课实践教学考评与奖惩工作组

由该考评与奖惩工作组对高职思政课实践教学的效果及参与高职思政课实践教学的师生进行客观、公正的评价与奖惩。

（二）确立高职思政课实践教学考评工作的原则

该原则主要包括以考评学生能力与素质的提升为核心原则、定性考评与定量考评相结合原则、过程考评与结果考评相结合原则、考评方式多元化与开放性原则等。

（三）建立科学、规范的考评与奖惩制度

对考评优秀的师生，给予一定奖励，以精神奖励为主、以物质奖

励为辅,并记录在档案中,作为今后评优的重要依据之一;对考评不合格的师生,严格按考评与奖惩制度的规定处理。

(四)及时反馈考评结果

考评结果经过公示后,有异议的,要及时处理;没有异议的,应当及时向参与高职思政课实践教学的师生反馈,以便其在今后不断改进自己的"教""学"。

第四章 高职思政课课堂实践教学研究

第一节 高职思政课课堂实践教学的概念与特征

一、高职思政课课堂实践教学的概念

高职思政课课堂实践教学是指在课堂上,高职学生在高职思政课教师的指导、引导下,通过"学中做、做中学",验证理论、提升品行修养、锻造动手能力和创新能力,并完成教师布置的高职思政课实践教学任务的教学活动。

二、高职思政课课堂实践教学的特征

(一)高职思政课课堂实践教学属于教学活动

从本质上说,高职思政课课堂实践教学是指在课堂上,高职学生在高职思政课教师的指导、引导下,通过"学中做、做中学",完成教师布置的高职思政课实践教学任务的一种活动。该活动既有高职思政课教师教的内容,也有高职学生学的内容,因而,该活动属于教学活动。在此需要强调指出的是:1. 该教学活动中教师的"教"重在指导、引导、启发高职学生,与高职思政课理论教学中教师的"教"重在讲解不完全一样;2. 该教学活动中学生的"学"重在学生动手、动口,是学生在"做中学、学中做",与高职思政课理论教学中学生的"学"重在用耳朵听老师讲解不完全一样;3. 该教学活动必须有教师"教"的活动,虽然教师"教"的时间短了,但对教师"教"的质量的要求却大大提高了;4. 该教学活动的核心是高职学生在"做中学、学中做"。

（二）高职思政课课堂实践教学是实践教学的一种形式

按教学场地来划分，高职思政课实践教学可分为课堂实践教学、校内实践教学、校外实践教学和网络虚拟实践教学等四种形式的实践教学。因此，高职思政课课堂实践教学是实践教学的一种形式。在此需要强调指出的是：1. 该教学活动是含有实践性教学内容的教学活动，与没有实践性教学内容的纯理论教学活动是不一样的；2. 该教学活动实行"双主体制"，即高职思政课教师居于主导地位、高职学生居于主体地位，这与传统的高职思政课教学活动中教师居于主要地位、学生居于次要地位是不一样的，但这并不意味着否定教师在该教学活动中的地位和作用，相反却更加突显了教师对该教学活动的组织、指导和引导作用；3. 该教学活动对高职学生提出了更高要求，使高职学生由"被动接受"变成了"主动参与"，通过该教学活动，高职思政课教师引导高职学生积极主动地动脑思考、动口和手行动，在验证高职思政课理论的同时，锻炼、提升自己的能力，培养自己的良好品行和习惯。

（三）高职思政课课堂实践教学属于广义实践教学活动

高职思政课实践教学有广义和狭义之分，广义实践教学是指高职学生在高职思政课实践教学教师指导下在课堂或者校内或者校外或者网络等一切空间和时间采用学做结合方式完成教师布置的高职思政课实践教学任务的一切教学活动；狭义实践教学一般仅指高职学生在教师指导下采用学做结合方式在校外实施的社会实践活动。高职思政课课堂实践教学是在课堂上开展的一种实践教学活动，因而，高职思政课课堂实践教学属于广义实践教学活动。在此需要强调指出的是：1. 高职思政课课堂实践教学内容必须与高职思政课理论教学内容一体化，如果高职思政课课堂实践教学内容与高职思政课理论教学内容不一致，则该高职思政课课堂实践教学将无法使高职学生通过实践验证高职思政课理论，从而导致该课堂实践教学活动因无法完成其目标而变得毫无意义；2. 高职思政课课堂实践教学并不排斥高职学生开展校外社会实践活动，相反有条件的高职院校应当在积极实施高职思政课课堂实践教学的同时，大力开展校外社会实践活动等广义实践教学活动。

第二节 高职思政课课堂实践教学的必要性与可能性研究

一、开展高职思政课课堂实践教学的必要性

（一）开展高职思政课课堂实践教学是贯彻落实中宣部和教育部相关文件精神的需要

《中共中央宣传部 教育部关于进一步加强和改进高等学校思想政治理论课的意见》明确规定:"要通过形式多样的实践教学活动,提高学生思想政治素质和观察分析社会现象的能力,深化教育教学的效果。"2018年4月12日,教育部印发的《新时代高校思想政治理论课教学工作基本要求》进一步规定:"从本科思想政治理论课现有学分中划出2个学分、从专科思想政治理论课现有学分中划出1个学分,开展本专科思想政治理论课实践教学。"由此可见,开展高职思政课课堂实践教学是贯彻落实中宣部和教育部相关文件精神的需要。

（二）开展高职思政课课堂实践教学是改革传统课堂教学模式的需要

高职思政课传统课堂教学模式是以教师为中心、教师全程讲授、学生处于配角和次要地位的一种教学模式,此种教学模式强调由高职思政课教师对高职学生进行高职思政课理论知识的传授,这种由教师传授的间接的经验和知识,由于没有经过高职学生的亲身感受、亲身参与和亲身体验,很难被高职学生全部理解、认同、消化和吸收,有的甚至无法被高职学生理解、认同、消化和吸收,致使部分高职学生的知与行脱节、知行不一。而开展高职思政课课堂实践教学,在课堂上,高职学生通过亲身感受、亲身参与和亲身体验,既可验证高职思政课理论知识,获得对理论知识的认同感,从而有利于其理解、消化和吸收高职思政课理论知识,同时又可锤炼其品行、提升其运用所学高职思政课理论知识分析、解决实际问题的能力,从而实现其知行

合一。

（三）开展高职思政课课堂实践教学是使学生由被动接受课堂教学内容变为主动参与课堂教学的需要

传统的高职思政课课堂教学一般采用教师在课堂上唱独角戏式的教学模式，高职学生处于被动接受的地位。在课堂上，除了教师点名外，师生很少互动交流，教师在三尺讲台上认真授课，学生在座位上则呈现三种情况：一是全神贯注认真听讲，记笔记，这部分学生主要集中在教室座位的前三排，占每个教学班总学生数的20%左右；二是有选择性地听讲，对自己感兴趣的授课内容认真听讲、记笔记，对自己不感兴趣的授课内容则不认真听讲或者不听讲，此时出现教师在讲台上使出浑身解数讲解、学生在座位上做诸如玩手机、写其他课程的作业、趴在桌子上睡觉、与邻座同学交头接耳等与授课内容无关的事，这部分学生主要集中在教室座位的中间若干排，占每个教学班总学生数的60%左右；三是不听讲，不记笔记，这部分学生主要集中在教室座位的后三排，占每个教学班总学生数的20%左右。由此导致课堂教学中教师教与学生学脱节，教师教与学生学形成交集的情况比较少。在此种情况下，虽然高职思政课教师完成了规定的课堂授课任务，但高职学生收获不多，有的甚至没有收获，从而致使高职思政课课堂教学效果不佳。开展高职思政课课堂实践教学，则高职学生就由以往的被动接受课堂教学内容变为主动参与课堂教学，而高职学生要参与课堂教学，则必须至少做好以下三点：一是在上课前预习相关授课内容；二是在课堂上围绕教师提出的理论与实践问题积极动脑、动口、动手，与同学、教师频繁互动交流，直至解决教师所提问题，获得教师肯定评价；三是课下认真复习授课内容，举一反三完成教师布置的作业。由此可见，开展高职思政课课堂实践教学，有利于改变高职思政课课堂教学的上述形态，使课堂教学中教师教与学生学二者合一，教师教与学生学形成完全重叠的交集。在此种情况下，不仅高职思政课教师圆满完成了规定的课堂授课任务，高职学生也获益匪浅、收获丰厚，并由此实现高职思政课课堂教学的良好效果。

（四）开展高职思政课课堂实践教学是培养、提升高职学生能力的需要

如上所述，传统的高职思政课课堂教学大多采用由教师在课堂上满堂灌、学生在座位上被动接受的教学模式，此种教学模式十分注重高职思政课理论知识的传授，但对于如何让高职学生运用所学的高职思政课理论知识分析、解决现实问题却涉及较少，这显然不利于培养、提升高职学生分析、解决现实问题的能力。而高职思政课课堂实践教学采用"双主体制"，不仅注重向高职学生传授高职思政课理论知识，而且通过让高职学生在"做中学、学中做"，至少可以培养、提升高职学生以下三种能力。一是动脑独立思考的能力和创新能力，其理由是：在课堂上，高职学生要运用所学高职思政课理论知识分析、解决教师所提出的问题，就必须开动脑筋独立思考，并创造性提出解决问题的具体办法；二是语言文字表达能力、沟通协调与团队合作能力，其理由是：为便于管理和交流，课堂实践教学的形式一般采用学生学习小组的形式，高职学生按照其兴趣、爱好或者特长自愿组成若干个学习小组，在该学习小组内，各成员间既有口头表达又有书面文字表达、既有分工合作又有沟通协调，共同解决教师所提出的问题，从而培养并提升其语言文字表达能力、沟通协调与团队合作能力；三是运用所学的高职思政课理论知识分析和解决实际问题的能力，其理由是：在高职思政课课堂实践教学中，教师根据高职思政课统编教材的内容，归纳整理出典型性理论与实践问题，再指导高职学生在"做中学、学中做"，高职学生运用其所学的高职思政课理论知识分析和解决教师所提出的问题，这一过程实际上就是培养、提升高职学生分析和解决问题的能力的过程。由此可见，开展高职思政课课堂实践教学是培养、提升高职学生能力的需要。

二、开展高职思政课课堂实践教学的可能性

（一）开展高职思政课课堂实践教学所需教师充足

由高职思政课教师在开展高职思政课理论教学的课堂上，根据高职思政课课堂实践教学大纲和授课计划实施高职思政课课堂实践教

学，如每节课以45分钟计算，则高职思政课教师在每节课的课堂上，开展高职思政课理论教学的时间为30—35分钟，开展高职思政课课堂实践教学的时间为10—15分钟。由此可见，在高职思政课理论教学教师充足的情况下，由高职思政课理论教学教师开展高职思政课课堂实践教学，则开展高职思政课课堂实践教学的教师也必然是充足的。在此需要强调指出的是：开展高职思政课课堂实践教学，要求高职思政课教师不仅要有过硬的理论教学的本领，而且也要具备高超的高职思政课实践教学的能力和丰富的经验，这显然是对高职思政课教师提出的更高的要求。

（二）开展高职思政课课堂实践教学所需的硬件条件和软件条件具备

开展高职思政课课堂实践教学所需的硬件条件主要包括实践教学活动场地即含有多媒体教学设备的教室和实训室、照相摄录器材、情景剧道具、模拟法庭等；开展高职思政课课堂实践教学所需的软件条件主要包括高职思政课课堂实践教学的教学大纲、授课计划、教案、PPT课件、管理制度、考核评价办法等。一般来说，具备上述硬件和软件条件便可开展高职思政课课堂实践教学。目前我国高职院校一般都具备上述硬件和软件条件。

（三）高职思政课课堂实践教学因契合高职学生的思维特征而深受高职学生喜爱

一般来说，高职学生对"做中学、学中做"比较感兴趣，对感性知识和具体内容的掌握能力较强；而对"教师教、学生学"的满堂灌方式缺乏兴趣，对理性知识和抽象内容的掌握能力较弱。而高职思政课课堂实践教学采用让学生在"做中学、学中做"的"双主体制"教学模式，这一模式正好契合了高职学生的上述思维特征。该教学模式在我校一经推出，便激发了学生参与高职思政课课堂实践教学的热情和积极性，学生通过"做中学、学中做"，亲手制作完成了自己的课堂实践教学作品，为了尽快向老师和同学们展示自己的作品或者急于想知道上节课相关实践问题的答案便期待下一次课堂实践教学课尽快到来。如我校在高职思政课课堂实践教学中，有一项实践教学活动为：

高职学生在教师指导下以高职思政课统编教材的某一内容为主题在同一个教学班的同学中开展问卷调查，并由主持该问卷调查的学生在课下分析整理相关数据后形成本次问卷调查的调查报告，在下一次课堂实践教学课上展示公布，有的学生急于想知道上节课问卷调查的结果便期待下一次课堂实践教学课尽快到来。由此可见，高职思政课课堂实践教学因契合高职学生的思维特征而深受高职学生喜爱。

第三节　高职思政课课堂实践教学的现状及存在的问题

一、对高职思政课课堂实践教学的重要性认识不到位

目前，一方面，仍有一部分同志将高职思政课实践教学仅仅局限于在校外实施的社会实践教学活动，并认为高职思政课课堂教学只能是理论教学，这种认识显然不利于高职思政课课堂实践教学的顺利开展；另一方面，虽然有一部分高职思政课教师开展了课堂实践教学，但由于对高职思政课课堂实践教学采用的让学生在"做中学、学中做"的"双主体制"教学模式的认识不足、角色定位不准确，以致在具体的课堂实践教学中出现了以下二种情况：一是教师包打天下，从课堂实践教学主题的确定、问题的提出到运用高职思政课理论知识分析和解决问题、教师点评、考核评价等均由教师包办，学生作为高职思政课课堂实践教学主体的角色定位仍然没有充分体现出来，学生仍然是听众、观众；二是在高职思政课课堂实践教学中，教师不对学生进行指导、引导，放任自流，完全听凭学生自由发挥，教师作为高职思政课课堂实践教学主导者、指导者的角色定位没有充分体现出来。这两种情况均严重制约了高职思政课课堂实践教学的有序顺利开展。

二、高职思政课教师的课堂实践教学能力有待提高

一方面，从高职思政课教师的经历来看，我国高职思政课教师大

多从高校到高职，中间没有经过实践锻炼，实践经验不丰富，有的甚至可以说没有实践经验；另一方面，从高职思政课课堂实践教学来看，开展高职思政课课堂实践教学要求教师不仅要有扎实的实践教学基本功和过硬的实践教学本领，而且要有掌控局面、沟通交流和灵活运用实践教学规律的能力，但目前我国有一部分高职思政课教师过去一直从事高职思政课理论教学，没有开展过实践教学，因而这部分高职思政课教师的课堂实践教学能力亟待提高。

三、高职思政课课堂实践教学亟待规范

虽然有一部分高职思政课教师已在课堂上开展了课堂实践教学，但其效果却不尽如人意，突出的问题有以下三个：一是缺乏一部统一的高职思政课课堂实践教学的教学大纲和授课计划，教学目标不明确；二是高职思政课课堂实践教学的教学时间、教学内容、教学形式、教学安排均比较随意，没有严格的制度规定和要求；三是对于同一个高职思政课课堂实践教学主题，不同的高职思政课教师在其实践教学活动的设计、组织、开展、结果、点评、考核等方面均表现出极大的差异性。由此可见，高职思政课课堂实践教学亟待规范。

四、高职思政课课堂实践教学的硬件与软件条件有待进一步改善

如前所述，尽管目前我国高职院校一般都具备开展高职思政课课堂实践教学所需的硬件条件和软件条件，但在硬件条件方面仍然存在以下短板：一是与高职思政课教材有关的实物、照片、音视频影视资料等不全，致使在高职思政课课堂实践教学中无法让学生真正做到全过程、全时段、全方位亲身感受、亲身体验；二是高职学生演练实训室数量不够、质量有待提升。在软件条件方面仍有以下不足之处：一是有关高职思政课课堂实践教学的教学管理与实施制度、教学诊断与督导办法、奖励与惩罚制度等有待进一步健全和完善；二是有关高职思政课课堂实践教学的教学资源库、教学管理信息系统、智能助教系统有待进一步开发和完善。由此可见，我国高职思政课课堂实践教

的硬件与软件条件均有待进一步改善。

五、高职思政课课堂实践教学考核评价办法有待进一步健全

目前，在高职思政课课堂实践教学的考核评价方面存在以下不足之处：一是缺乏统一的高职思政课课堂实践教学考核评价办法和标准，致使考核评价工作不规范、随意性较强，严重影响了师生开展高职思政课课堂实践教学的积极性和主动性；二是高职学生思政课课堂实践教学的考核成绩在该学生思政课总成绩中的比例偏低，这在客观上造成了一小部分高职学生平时不认真、期末临时突击的情况；三是缺乏一本充分反映高职学生成长轨迹的高职思政课课堂实践教学手册，这对高职学生养成良好的品行和习惯显然是不利的。由此可见，高职思政课课堂实践教学考核评价办法有待进一步健全。

第四节 开展高职思政课课堂实践教学所应遵循的基本原则

一、"双主体制"原则

"双主体制"原则是指在高职思政课课堂实践教学中，坚持以教师为主导、以高职学生为主体，实施课堂实践教学。

以教师为主导主要表现在以下三个方面：一是在上课前，高职思政课课堂实践教学教师要从高职学生的特点和实际出发，根据高职思政课统编教材的内容归纳总结出高职思政课理论与实践问题，再有的放矢地创设问题情境并主导、指导高职思政课课堂实践教学全过程；二是开展高职思政课课堂实践教学，虽然教师"教"的时间减少了，但教师"教"的质量却不能降低，教师对高职思政课课堂实践教学过程的全面掌控与指导也不能有丝毫放松，这对从事高职思政课课堂实践教学的教师的能力素质均提出了更高要求；三是对参与高职思政课课堂实践教学的学生进行点评与考评，是教师主导、指导作用的又一

重要体现。

以高职学生为主体主要表现在以下三个方面：一是高职思政课课堂实践教学活动是在教师指导下由高职学生独立完成的；二是高职思政课课堂实践教学过程实际上就是高职学生在"学中做、做中学"的过程；三是参与高职思政课课堂实践教学的学生必须向任课教师提交自己撰写的实践报告并展示自己的实践成果。

二、高职学生"学中做、做中学"原则

高职学生"学中做、做中学"原则是指在高职思政课课堂实践教学中，高职学生在教师的主导、指导下，坚持学做结合、知行合一，既系统学习高职思政课理论知识，又提升自己运用马克思主义立场、观点、方法分析和解决实际问题的能力。

"学中做"是指高职学生在教师的主导、指导下，在系统学习高职思政课理论知识的过程中，分析和解决教师设定的理论与实践问题的一种教学形式。"学中做"有以下三个显著特点：（一）"学"是基础、"做"是关键，"学"就是要带着问题系统学习高职思政课理论知识，"做"就是要运用马克思主义立场、观点、方法分析和解决实际问题；（二）"学中做"要求高职学生在系统学习高职思政课理论知识的过程中，理论联系实际，分析和解决现实问题，如果是高职学生在课堂理论学习结束后在课下完成教师布置的作业，则不是"学中做"；（三）"学"与"做"的相同点是"学"与"做"均为教学过程，但"学"是获取显性知识的方法和手段，而"做"则是获取隐性知识和技能的方法和手段。

"做中学"是指高职学生在高职思政课课堂实践教学教师的主导、指导下，通过自己动手操作，在操作的过程中不断发现问题、分析问题、解决问题的一种教学形式。"做中学"有以下三个显著特点：（一）"做中学"是高职学生在具体操作的过程中产生学习的需求，激发起其学习兴趣，从这个意义上说，"做中学"是一种主动的学习方式；（二）"做中学"要求高职学生在操作的过程中，通过分析、归纳、总结，举一反三，从而达到熟练掌握高职思政课理论知识的目的，如果是在教

师做完示范动作后再由学生模仿教师的动作,虽然该模仿行为也属于"做",但在该模仿行为过程中,高职学生缺乏主动性,只是在依样画葫芦、照猫画虎,因而该模仿行为不是"做中学";(三)虽然"做中学"所获得的理论知识是碎片化的、有一定的局限性,但其有利于提升高职学生的团队合作、沟通交流、协调和创新能力,并有利于养成高职学生良好的品行和习惯。

"学中做"与"做中学"的相同点主要有二点:一是均强调在高职思政课课堂实践教学中必须充分发挥高职学生操作主体作用;二是均强调"学"与"做"不能脱节,必须"学""做"完全结合。"学中做"与"做中学"的不同点主要表现在以下二点:一是在时间上,"学中做"主要安排在高职思政课课堂实践教学的前期和中期,"做中学"主要安排在高职思政课课堂实践教学的中期和后期;二是在内容上,"学中做"强调在学的过程中做,而"做中学"则强调在做的过程中学,二者各有侧重。由此可见,只有将"学中做"与"做中学"有机地结合起来,才能做到学做结合、知行合一。

三、高职思政课课堂实践教学内容与理论教学内容一体化原则

高职思政课课堂实践教学内容与理论教学内容一体化原则是指将高职思政课课堂理论教学与课堂实践教学看作一个整体,根据理论联系实际的原则,设计确定与高职思政课课堂理论教学内容完全一致的高职思政课课堂实践教学内容,围绕这些内容,在高职思政课课堂上,由教师指导高职学生采用课堂案例宣讲、课堂调研报告、课堂微话剧等多种形式开展课堂实践教学活动,让高职学生通过这些课堂实践教学活动,加深对高职思政课课堂理论教学内容的理解,验证所学的高职思政课理论知识,树立理论自信,并提升其运用马克思主义立场、观点、方法分析和解决实际问题的能力。

以高职一年级第一学期思政课课堂实践教学为例,目前高职一年级第一学期开设的思政课一般为《基础》课程,该《基础》课程课堂实践教学内容应与其理论教学内容融为一体,其具体内容如下表:

表 4-1 《基础》课程实践教学内容与理论教学内容一体化表

教学模块	《基础》课程实践教学内容与理论教学内容一体化		
	理论教学内容	实践教学内容	
绪论	我们处在中国特色社会主义新时代；时代新人要以民族复兴为己任	课堂案例宣讲	惊天一落救新鹰
		课堂调研报告	高职学生学业情况调查
		课堂微话剧	服务季
思想教育	人生的青春之问	课堂案例宣讲	一辈子隐姓埋名的科学家
		课堂调研报告	高职学生参加学生社团活动情况调查
		课堂微话剧	责任季
	坚定理想信念	课堂案例宣讲	信念的价值
		课堂调研报告	高职学生文明情况调查
		课堂微话剧	监督季
	弘扬中国精神	课堂案例宣讲	国家利益重于一切
		课堂调研报告	高职学生课外生活情况调查
		课堂微话剧	学习季
	践行社会主义核心价值观	课堂案例宣讲	信义兄弟
		课堂调研报告	高职学生诚信状况调查
		课堂微话剧	诚信季
道德教育	明大德守公德严私德	课堂案例宣讲	背着母亲读大学
		课堂调研报告	高职学生道德状况调查
		课堂微话剧	模拟面试
法治教育	尊法学法守法用法	课堂案例宣讲	武汉首起"高考移民"案
		课堂调研报告	高职学生法治意识状况调查
		课堂微话剧	民法相关案例
		课堂案例宣讲	网络不是法外之地
		课堂调研报告	高职学生校外兼职情况调查
		课堂微话剧	刑法相关案例

四、高职思政课课堂实践教学的时效性与针对性原则

高职思政课课堂实践教学的时效性与针对性原则是指高职思政课堂实践教学要与时俱进，准确把握时代脉搏，紧扣时代主题，并针对高职学生的思想、生活、学习、素质、能力等实际，回应学生关切，

指导学生运用所学的高职思政课理论知识发现、分析和解决现实问题，并逐步养成高职学生良好的品行和习惯。

时效性与针对性主要表现在以下三点：一是在教学内容方面，要求高职思政课课堂实践教学的内容要贴近高职学生实际、贴近时代、贴近日常生活，具有时效性与针对性；二是在教学方法方面，要求高职思政课课堂实践教学的教学方法既要与时俱进、推陈出新，又要灵活多样、丰富多彩，突出其时效性与针对性；三是在考核评价机制方面，要求高职思政课课堂实践教学的考核评价机制要不断地健全、完善，体现其时效性与针对性。

五、高职思政课课堂实践教学的规范性原则

高职思政课课堂实践教学的规范性原则是指高职思政课课堂实践教学必须有统一的规定、要求和标准，不得因人而异、随心所欲、各行其是。该原则主要体现在以下三点：一是高职思政课课堂实践教学必须有明确的教学目标和统一的教学大纲、授课计划和教案；二是必须以制度和标准明确规定高职思政课课堂实践教学的教学时间、教学内容、教学形式和教学安排，严禁因人而异、随心所欲、各行其是；三是对于同一个高职思政课课堂实践教学主题，不同的高职思政课教师在其实践教学活动的设计、组织、开展、结果、点评、考核等方面应大体保持一致。

六、充分发挥智能助教系统等现代信息通信与教育技术在高职思政课课堂实践教学中的作用原则

充分发挥智能助教系统等现代信息通信与教育技术在高职思政课课堂实践教学中的作用原则是指在互联网时代，高职思政课课堂实践教学要充分运用互联网+、智能助教系统等现代数字信息通信与教育技术，实现高职思政课课堂实践教学的传统优势同现代数字信息通信与教育技术高度融合，以增强其时代感和吸引力，让高职学生在高职思政课课堂实践教学中亲临其境、亲身感受、亲身体验，以避免高职思政课课堂实践教学内容抽象、枯燥。

第五节 互联网时代改革创新高职思政课课堂实践教学的路径

一、搭建高职思政课课堂实践教学平台

高职思政课课堂实践教学平台主要包括开展高职思政课课堂实践教学所需的硬件条件和软件条件等。其中，硬件条件主要指与高职思政课教材有关的实物、照片、音视频影视资料和高职学生演练实训室等；软件条件主要指与高职思政课课堂实践教学有关的教学管理与实施制度、教学诊断与督导办法、奖励与惩罚制度和与高职思政课课堂实践教学有关的教学资源库、教学管理信息系统、智能助教系统等。随着互联网和大数据的发展，高职学生在高职思政课课堂实践教学活动中除了要通过教师和网络知道"是什么"，更要在教师的启发引导下搞清楚"为什么"，并深入思考"怎么办"。搭建高职思政课课堂实践教学平台有利于高职学生通过理论联系实际，将思政课理论知识与火热的现实生活、热点问题及学生身边活生生的事例结合起来，通过收集资料、问卷调查、访谈座谈、宣讲案例、表演课堂微话剧等身临其境、亲身体验、亲身感受，在课堂实践教学中验证高职思政课理论知识，促使其形成理论自信，并提高其运用所学高职思政课理论知识分析和解决实际问题的能力。

二、创新高职思政课课堂实践教学的理念、内容、方法和手段

目前，我国高职思政课教学包括理论教学和实践教学大多仍采用"教师主讲、学生听讲""教师主角、学生配角""一支粉笔一张嘴"等传统的教学理念、内容、方法和手段，这种以教师为中心单向传授的教学理念、内容、方法和手段，不仅忽视了高职学生在教学过程中的主体性，而且也不利于高职学生与教师、高职学生与高职学生之间的

互动交流,因此,必须创新高职思政课课堂实践教学的理念、内容、方法和手段,否则,高职思政课课堂实践教学将无法有效顺利开展。

(一)创新高职思政课课堂实践教学的理念

在高职思政课课堂实践教学理念上,必须树立"以教师为主导、以学生为主体""做中学、学中做""师生平等"等课堂实践教学理念。在互联网出现之前,学生主要通过教师获取知识和信息,这在客观上造成了教师和学生地位的不平等性,由此产生了"以教师为中心""教师主角与学生配角""教师教与学生学的单向传输"等教学理念;互联网出现之后,由于互联网的开放性、广泛性和及时性,学生除了通过教师获取知识和信息外,还可以通过互联网获取知识和信息,从这个意义上说,教师和学生的地位是平等的。这种地位的变化必然要求高职思政课课堂实践教学教师更新课堂实践教学理念:一是树立"以教师为主导、以学生为主体""做中学、学中做""师生平等"等高职思政课课堂实践教学理念,将传统的"以教师为中心"、强调教师的主角地位转变为以教师为主导、以学生为主体的新型高职思政课课堂实践教学关系;二是高职思政课课堂实践教学教师由课堂实践教学的主讲者变为课堂实践教学的主导者和高职学生学习的引导者,高职学生由课堂实践教学的配角变为课堂实践教学的参与者和学习的主体,在互联网背景下,高职思政课课堂实践教学教师不仅要向高职学生传授知识,更为重要的是引导高职学生有选择地从互联网获取有益的知识和信息,并教会其明辨是非曲直;三是高职思政课课堂实践教学活动由"教师教、学生学"的单向传输转变为"做中学、学中做"的师生互动和生生互动,从而使高职思政课课堂实践教学活动充满生机与活力。

(二)创新高职思政课课堂实践教学的内容

在高职思政课课堂实践教学内容上,实现高职思政课课堂实践教学与理论教学一体化。以高职《基础》课程的课堂实践教学为例,高职《基础》课程是面向高职一年级新生在第一学期开设的,总课时为48学时,每周两次课,每次课2学时90分钟,如前所述,在高职《基础》课程的课堂实践教学内容上,实行将课堂实践教学内容与理论教学内容融为一体的"四段式"教学,包括学生宣讲案例、学生公布课堂调研报告、教师讲授和学生表演课堂微话剧等。

（三）创新高职思政课课堂实践教学的方法

教学方法包括教师教的方法和学生学的方法等，教学方法的精髓在于效率，即以较少的人力、物力、财力和精力、时间取得最佳的教学效果。在高职思政课课堂实践教学方法上，必须对"教师讲学生听""一支粉笔一张嘴"等传统的高职思政课教学方法进行改革创新。采用体现"以教师为主导、以学生为主体""做中学、学中做"等高职思政课课堂实践教学理念、与高职思政课课堂实践教学目标相适应的高职思政课课堂实践教学方法。目前，高职思政课课堂实践教学的教学方法主要有：案例教学法、问卷调查教学法、问题导向教学法、竞赛教学法、手册制教学法、课题制教学法、体验式教学法、现场教学法、影像教学法、口述历史教学法等。在此以问题导向教学法为例进行说明，问题导向教学法是指高职思政课课堂实践教学教师先将高职思政课统编教材内容分解为素质目标、知识目标和技能目标，并从这三类目标中归纳整理出该教材内容的典型性实践问题，对于该典型性实践问题，先由高职思政课课堂实践教学教师创设问题情境，再由高职学生按兴趣、爱好、特长或者地域自愿组成学生学习小组开展活动并解决教师设定的典型性实践问题，以提升高职学生素质，在此基础上，高职思政课课堂实践教学教师再组织、指导高职学生运用所学的高职思政课理论知识和方法分析和解决实际问题，从而提高其运用马克思主义立场、观点、方法分析和解决问题的能力的一种教学方法。

（四）创新高职思政课课堂实践教学的手段

在高职思政课课堂实践教学手段上，引入智能助教系统等新媒体新技术助力高职思政课课堂实践教学。在互联网背景下，高职思政课课堂实践教学教师要充分运用智能助教系统等新媒体新技术，推动高职思政课课堂实践教学活动与数字信息技术高度融合，以增强时代感和吸引力。以高职思政课课堂实践教学为例，任课教师走进教室，启动教学电脑，使用互联网+智能助教系统，在本教室上课的高职学生通过微信扫描二维码加入班级后，就会自动进入一个教学交互平台，平台上的菜单栏分为课上互动区（即"课上系统"）和课下管理区（即

"课下系统")。"课上系统"由教师在上课时使用，包括签到、课堂测试赋分、提问互动反馈、课件播放、课堂管理等。该系统既是成绩赋分系统、及时反馈系统，又是师生互动系统和课堂监控系统。"课下系统"主要由教师在课下备课或查看其教学成果和教学效果、教学意见和建议等时使用，包括班级管理、课表管理、课件管理、作业管理、成绩管理、教学档案等。以高职学生签到为例，高职思政课课堂实践教学教师使用上述互联网+智能助教系统，很快，投影幕布上出现一个硕大的黑色二维码，学生们拿出手机，通过微信"扫一扫"功能对准二维码进行扫描，最终只剩下未到的高职学生的头像和名字，屏幕左上角提示有"应到多少人，未到多少人"的字样。对于迟到或手机没电的学生可以由任课教师在系统中代为补签。上述内容便是互联网+智能助教系统在高职思政课课堂实践教学中的运用之一。

三、实施学习小组教学组织形式培养高职学生的团队合作精神

当今世界，社会分工越来越细，有许多产品和项目单靠个人的力量是无法完成的，必须汇集各种人才，开展团队合作，才能完成。因此，许多企事业单位均将"是否具有团队合作经历和精神"作为招聘员工的重要条件。由此可见，团队合作精神已成为高职学生必须具备的基本素质，而在高职思政课课堂实践教学中采取高职学生学习小组教学组织形式，是培养高职学生团队合作精神的一条有效途径。

高职学生学习小组教学组织形式是指在高职思政课课堂实践教学组织形式上，以高职学生学习小组为基本单元，以教学内容为主题，以教师为指导，以学生为主体。高职学生学习小组根据高职学生的兴趣、特长和爱好等因素自愿组合，以6人至8人最为合适，学习小组成员分别负责资料收集整理、问卷调查、社会调研、资料分析、成果集成、成果展示、互动评价等工作，学习小组成员各有分工、各有职责、互助合作，共同完成思政课教师布置的课堂实践教学任务。教师是学习小组任务的设计师，学生是任务的完成者，学习小组成员负责收集信息、制定计划、选择方案、实施方案和反馈信息，这样做既增

强了高职学生的沟通协调能力，又培养了其团队合作精神，并使高职学生由被动接受变为积极主动参与。在这个过程中，师生共同活动，共同讨论，分别承担不同的角色，从而不断提高高职学生的团队合作精神、综合素质和实践能力。

四、创设"热点面对面"频道培养高职学生运用马克思主义立场、观点、方法发现、分析和解决实际问题的能力

培养提升高职学生理论联系实际的能力是高职思政课课堂实践教学的一项重要任务，为此，在高职思政课课堂实践教学中，教师必须引导学生密切关注社会热点问题，并指导其运用马克思主义立场、观点、方法发现、分析和解决社会现实问题。参考中国中央电视台新闻频道的做法，在高职思政课课堂实践教学中创设"热点面对面"频道，下设"新闻5分钟""热点问卷调查""法治在线""共同关注""焦点访谈""面对面"等栏目，充分发挥高职学生在高职思政课课堂实践教学中的主体作用，为其提供一个自编自导自演的舞台。此举不仅可以极大地提高高职学生学习思政课的积极性，更为重要的是可以培养提升高职学生运用马克思主义立场、观点、方法发现、分析和解决实际问题的能力。

"热点面对面"频道运行的具体做法是：按一堂课90分钟计算，从每堂课中拿出15分钟时间，由三个学生学习小组分别从上述"热点面对面"频道下设的"新闻5分钟""热点问卷调查""法治在线""共同关注""焦点访谈"和"面对面"等栏目中分别选取不同的栏目，围绕高职思政课理论教学内容确定主题，再由该学习小组成员分工负责，并在高职思政课课堂实践教学教师的指导下，运用所学的高职思政课理论分析和解决实际问题，每个学生学习小组在课堂上展示自己实践成果的时间为5分钟左右，学生学习小组展示结束后，由全班同学运用智能助教系统进行讨论并赋分，最后由教师点评。

五、创立"六位一体"教学模式养成高职学生良好的品行和习惯

养成高职学生良好的品行和习惯是高职思政课课堂实践教学的一

项重要任务,而创立融观、读、写、演、践、赛"六位"于一体的教学模式,不仅有利于大大提高高职学生学习思政课的主动性和自觉性,而且更为重要的是有利于充分发挥高职学生在高职思政课课堂实践教学中的主体作用,并养成高职学生良好的品行和习惯。

"观"是指高职学生观看红色电影电视剧等红色音视频资料,参观网上红色纪念馆、历史事件发生地等,使高职学生身临其境,亲身感受、亲身体验,用大量丰富的红色图片、文物、历史遗迹、音视频资料等加深高职学生对党史、国情、民情的了解,验证高职思政课理论,从而树立理论自信。"读"是指高职学生大量阅读红色经典原著,进一步加深对高职思政课理论知识的认识和理解,其具体做法是:在高职思政课课堂实践教学中,首先由教师开列一些与思政课统编教材内容有紧密关系的红色经典著作,如《共产党宣言》《为人民服务》《纪念白求恩》等,再由高职学生边阅读原文边做读书笔记,最后由教师在课堂上针对高职学生在阅读中遇到的难点进行精讲。此举不仅可以培养高职学生的自学能力,而且有利于提高高职学生的马克思主义理论水平。"写"是指让高职学生撰写调研报告和学习心得体会等,此举不仅可以使高职学生将阅读与思考结合起来,提高其自学能力和书面语言文字表达能力,而且有利于提高高职学生理论联系实际的能力和水平,拓展其理论与实践的广度和深度。"演"是指由高职学生在高职思政课课堂实践教学中自编自导自演课堂微话剧、情景剧、影视作品等,其具体做法是:在高职思政课课堂实践教学中,首先由学生学习小组成员根据高职思政课统编教材内容共同确定表演主题,然后再在学习小组成员中确定编剧、导演、主角、配角等的最佳人选,之后各学习小组成员之间分工合作,共同完成表演作品,最后由同班其他同学评价赋分和教师点评赋分。此举不仅可以进一步加深高职学生对高职思政课理论知识的理解和记忆,而且有利于提高其表演能力、口头语言文字表达能力和运用所学理论分析和解决实际问题的能力。"践"是指高职学生在高职思政课课堂实践教学中在教师指导下对同班同学开展问卷调查等实践活动,其具体做法是:在高职思政课课堂实践教学中,首先由学生学习小组成员根据高职思政课统编教材内容共同确定问卷调查主题及其具体内容,再在学习小组成员中确定调查问卷的编写人、调查问卷在课堂上的宣读人、同班其他同学回答调查问卷相关问题所形成的数据资料的收集人、调查问卷数据分析人、问卷调查报告的撰写人等的最佳人选,之后各学习小组成员之间分工合作,共同完成问卷调查报告,最后由同班其他同学评价赋分和教师点评赋分。此举不仅可以提高高职学生开展问卷调查的能力,而且有利于高职学生拓宽自己的视野,由关心自己到关注他人,并进一步思考自己所应承担的时代责任。"赛"是指高职学生在高职思政课课堂实践教学中,参加辩论比赛、演讲比赛、征文比赛、摄影比赛、思政课公开课比赛等,并由同班其他同学和教师评价赋分,最终依分确定名次,通过这些比赛,高职学生可从中发现自己的优势和不足之处,并在今后的学习和生活中不断克服自己的缺点,向优秀者靠拢。由此可见,此举不仅可以大大提高高职学生的思辨能力、表达能力和创新能力,而且有利于高职学生不断克服缺点,养成其良好的习惯和品行。

六、健全高职思政课课堂实践教学的考核评价机制

在高职学生成绩评定上,建立健全科学的高职思政课课堂实践教学考核评价机制。目前,在高职学生思政课的成绩评定上,实行以期末考试成绩为主、以平时成绩和实践考核成绩为辅的考核办法。这种考核办法既不利于考查高职学生运用马克思主义的立场、观点、方法分析和解决现实和网络中的实际问题的能力,在客观上也造成了高职学生平时不努力、考前临时抱佛脚的现象,不利于高职学生树立正确的世界观、人生观和价值观。在互联网背景下,在高职学生思政课的成绩评定上,应加大高职思政课课堂实践教学的考核成绩在高职学生思政课考核总成绩中的比例,以调动高职学生参与思政课课堂实践教学的积极性和主动性,充分发挥高职思政课课堂实践教学的育人功能。具体来说,在互联网时代,高职思政课课堂实践教学的考核成绩由三部分组成。一是平时成绩,教师可借助智能助教系统,将高职学生参与思政课课堂实践教学活动的情况如上课回答问题与发言、小组讨论、问卷调查、表演微话剧和撰写小论文情况等纳入高职思政课课堂实践

教学考核评价的范围，由智能助教系统自动评定高职学生的平时成绩，并加大平时成绩在高职思政课课堂实践教学总成绩中的比例，此举有利于高职学生通过日常的课堂实践教学活动养成良好的品行和习惯。二是对高职学生通过思政课课堂实践教学活动所获得的知识内容的闭卷考核成绩，在此需要强调指出的是：教师应适当减少对纯记忆性的知识内容等的考核。三是加大对高职学生运用马克思主义的立场、观点、方法分析和解决现实和网络中的实际问题的能力及创新能力的考核。这种考核办法既有助于减少高职学生的考试作弊行为，又能促进高职学生在日常的高职思政课课堂实践教学中学做结合、知行合一。

第六节 高职思政课课堂实践教学的难点研究

一、大力提升高职思政课教师的课堂实践教学能力和水平

高职思政课课堂实践教学属于教学活动，显然不能没有教师，而且一般来说高职思政课教师的课堂实践教学能力和水平与高职思政课课堂实践教学的效果成正比，即高职思政课教师的课堂实践教学能力和水平越高，则其高职思政课课堂实践教学的效果就越好，由此可见，大力提升高职思政课教师的课堂实践教学能力和水平，对提升其高职思政课课堂实践教学效果具有十分重要的作用。但目前部分高职思政课教师的课堂实践教学能力和水平不尽如人意，其具体表现有：（一）部分高职思政课教师是由本科院校毕业后未经实际工作锻炼而直接进入高职担任思政课教师的，这部分教师不同程度地存在高职思政课课堂实践教学经验不足的问题；（二）有的高职至今未开展过思政课课堂实践教学，这使得这部分高职思政课教师拟通过高职思政课课堂实践教学来提高自己的课堂实践教学能力的想法和愿望落空，从而导致其高职思政课课堂实践教学能力无法提升或者虽有提升但提升幅度不大。为此，有必要采取以下四项措施，大力提升高职思政课教师的课堂实践教学能力和水平：一是采取"走出去"的办法，让高职思政课

课堂实践教学教师走出学校，参加各种与高职思政课课堂实践教学有关的培训活动和实践锻炼，大力提升其高职思政课课堂实践教学能力和水平；二是采取"请进来"的办法，邀请高职思政课课堂实践教学能力和水平高的校外专家、学者、教师走进学校，通过举办报告会、座谈会和一对一面对面辅导等多种形式传经送宝，以提升本校思政课教师的课堂实践教学能力和水平；三是召开高职思政课课堂实践教学经验交流会，大家各抒己见，交流各自在高职思政课课堂实践教学中的经验和心得体会，以便互相取长补短；四是以制度明确规定高职思政课教师在高职思政课课堂实践教学中的职责、工作量计算办法及考评办法，以此激励高职思政课教师不断提升自己的高职思政课课堂实践教学能力和水平。

二、充分发挥高职学生在高职思政课课堂实践教学中的主体作用

如前所述，高职思政课课堂实践教学属于教学活动，显然不能没有高职学生，而且一般来说高职学生在思政课课堂实践教学中的主体作用的发挥情况与高职思政课课堂实践教学的效果成正比，即高职学生在思政课课堂实践教学中的主体作用发挥得越充分，则其高职思政课课堂实践教学的效果就越好，由此可见，充分发挥高职学生在思政课课堂实践教学中的主体作用，对提升高职思政课课堂实践教学效果具有十分重要的作用。但目前在部分高职，学生在思政课课堂实践教学中的主体作用的发挥情况不太理想，具体表现有：（一）有的高职至今未开展过思政课课堂实践教学，仍然沿用传统的"教师教、学生学"的教学模式，这使得这部分高职的学生无法发挥其在思政课课堂实践教学中的主体作用；（二）部分高职虽然开展了思政课课堂实践教学活动，但其仍然沿用传统的"以教师为中心"的教学模式，其活动的主角仍然是高职思政课课堂实践教学教师，所有课堂实践教学活动均由教师包办代替，学生只是教师行为的模仿者，在这种教学模式下，高职学生的主体性被忽视，高职学生无法发挥其在思政课课堂实践教学中的主体作用；（三）部分高职思政课课堂实践教学教师在没有与高职

学生沟通协商、征求学生意见的情况下，以自认为高职学生感兴趣的主题、内容和形式取代了高职学生真正感兴趣的思政课课堂实践教学主题、内容和形式，最终导致其因缺乏针对性而影响高职思政课课堂实践教学效果，这种做法也忽视了高职学生的主体性，显然不利于发挥其在高职思政课课堂实践教学中的主体作用。为此，有必要采取以下四项措施，充分发挥高职学生在思政课课堂实践教学中的主体作用。一是在高职思政课课堂实践教学中强化"问题导向"，由师生根据高职思政课统编教材的内容并结合高职学生身边的人和事及社会现实中的热点共同确定实践问题，再由高职学生分组开展实践活动，运用马克思主义立场、观点、方法分析和解决问题，最后由同班其他同学和教师评价赋分，这种做法有利于充分发挥高职学生在思政课课堂实践教学中的主体作用。二是在高职思政课课堂实践教学中突出课堂展示环节，要求高职学生在思政课课堂上展示自己的实践成果，这种做法，一方面在客观上可以防止高职学生在思政课课堂实践教学中浑水摸鱼、滥竽充数，促使其人人参与，另一方面，高职学生为了使其实践成果获得较高的评价和理想的分数，必然会使出浑身解数，开动脑筋，各显神通，此举不仅有利于培养高职学生的独立判断能力和创新精神，而且有利于充分发挥高职学生在思政课课堂实践教学中的主体作用。三是提高高职思政课课堂实践教学的针对性，激发起高职学生参与思政课课堂实践教学的积极性、主动性和自觉性，其具体内容包括：（一）高职思政课课堂实践教学要充分考虑高职学生的思维特征、学习特点和知识背景；（二）高职思政课课堂实践教学要紧扣时代主题，关注社会现实生活中的热点问题，并突出学校所在地的地方特色；（三）要结合高职学生所学的专业，根据其不同的专业背景，开展高职思政课课堂实践教学活动。四是以制度明确规定高职学生在思政课课堂实践教学中的职责、任务及考评办法，以此激励高职学生参与高职思政课课堂实践教学的积极性和主动性，并充分发挥其在思政课课堂实践教学中的主体作用。

第七节　开展高职思政课课堂实践教学应注意的几个问题

一、要正确处理好高职思政课课堂实践教学与课堂理论教学的关系问题

高职思政课课堂理论教学的重点是对高职学生进行系统的马克思主义理论教育，高职思政课课堂实践教学的重点是提高高职学生运用马克思主义理论分析和解决实际问题的能力，这二者相辅相成。高职思政课课堂理论教学与课堂实践教学是高职思政课教学的二种形式，犹如一个硬币的两面、鸟之两翼，既不能用高职思政课课堂实践教学取代高职思政课课堂理论教学，也不能用高职思政课课堂理论教学取代高职思政课课堂实践教学。在此需要强调指出的是：高职思政课课堂实践教学也属于教学范畴，因此，必须克服高职思政课课堂实践教学只进行实践而不进行教学的情况，在高职思政课课堂实践教学中，学生的"学"不能离开教师的"教"，高职学生必须在教师的指导下有目的、有计划、有步骤地开展实践活动，否则，学生的实践活动就是盲目的实践活动，往往事倍功半，有的甚至一事无成。

二、要正确处理好高职思政课课堂实践教学与高职专业课实践教学的关系问题

高职专业课实践教学是就高职专业课所涉及的内容、技术、方法、手段等开展的实践教学。高职专业课实践教学与高职思政课课堂实践教学均为实践教学，这是其相同点。高职专业课实践教学与高职思政课课堂实践教学的不同点是：（一）从教学人员来说，高职专业课实践教学在专业课教师的指导下进行；高职思政课课堂实践教学在思政课教师的指导下进行。（二）从教学内容来说，高职专业课实践教学的教学内容主要集中在高职专业课方面，可以是高职专业课的某一个方面、

某几个方面或者所有方面；高职思政课课堂实践教学则主要集中在高职思政课方面，可以是高职思政课的某一个方面、某几个方面或者所有方面。（三）从教学目的来说，高职专业课实践教学的目的主要是提高高职学生的专业技能及运用专业技能解决实际问题的能力；高职思政课课堂实践教学的目的主要是提高高职学生运用马克思主义立场、观点、方法分析和解决实际问题的能力。在此需要强调指出的是：在高职思政课课堂实践教学中也可以进行高职专业课实践教学，如在运用马克思主义立场、观点、方法分析和解决实际问题时，也要注意运用专业技能解决实际问题。高职思政课课堂实践教学与高职专业课实践教学并不互相排斥，如果处理得当，往往会事半功倍。

三、要正确处理好高职思政课课堂实践教学的内容与形式的关系问题

在高职思政课课堂实践教学中，要根据不同的高职思政课课堂实践教学内容选取与其相适应的最佳高职思政课课堂实践教学形式。下面以《基础》课程课堂实践教学的内容与形式关系为例进行说明。（一）《基础》课程第一章第三节为创造有意义的人生，在这一节的课堂实践教学中，可以采用课堂辩论赛的课堂实践教学形式，由二个高职学生学习小组成员在教师指导下分别充任正方与反方，展开辩论，同班其他同学和教师共同担任评委并打分，最后由教师点评，这种课堂辩论赛的实践教学形式有利于高职学生树立正确的人生观。（二）《基础》课程第五章第三节为遵守公民道德准则，在这一节的课堂实践教学中，可以采用课堂微话剧的课堂实践教学形式，由高职学生学习小组成员在教师指导下首先确定微话剧的主题，然后确定编剧、导演、男女主角、男女配角的人选，在此基础上，由学生学习小组成员自编自导自演，同班其他同学和教师共同担任评委打分，最后由教师点评，这种课堂微话剧的实践教学形式有利于高职学生树立正确的道德观，自觉遵守公民道德准则。（三）《基础》课程第六章第二节为以《中华人民共和国宪法》为核心的中国特色社会主义法律体系，在这一节的课堂实践教学中，可以采用模拟法庭案例教学的课堂实践教学形式，

由高职学生学习小组成员在教师指导下首先确定案例,然后确定法官、书记员、速录员、原告及其代理人、被告及其代理人等的人选,在此基础上,由学生学习小组成员模拟法庭法官审判案件的全过程,同班其他同学和教师共同担任评委并打分,最后由教师点评,这种模拟法庭案例教学的实践教学形式有利于提升高职学生的法治素养。

四、要正确处理好高职思政课课堂实践教学中的师生关系问题

在高职思政课课堂实践教学中,教师与学生应按照"教师主导、学生主体"的双主体制来摆正师生的位置,首先,高职学生在思政课课堂实践教学中应充分发挥主体作用,其具体表现如下:(一)在高职思政课课堂实践教学的准备阶段,高职学生要在教师的指导下按照兴趣、爱好、特长、地域相近等进行分组,形成若干学生学习小组,在此基础上,由教师和学生共同确定高职思政课课堂实践教学的主题、内容及形式、实践教学活动规则等,然后由各个学生学习小组围绕师生共同确定的主题,按照实践教学活动规则启动实践活动的各项准备工作;(二)在高职思政课课堂实践教学的实施阶段,学生学习小组成员要在教师的指导下,围绕本学习小组的选题,分工负责,完成收集资料、制定实践活动计划和实施方案、实施实践活动计划和方案、完成并在课堂上展示其实践活动成果;(三)在高职思政课课堂实践教学的总结阶段,学生学习小组成员要在教师的指导下,参与评价并听取同班其他同学和教师对自己实践成果的评价意见,以便在下次实践活动中改进和提高。其次,教师在高职思政课课堂实践教学中应充分发挥主导作用,其具体表现如下:(一)在高职思政课课堂实践教学的准备阶段,教师要积极、主动地指导高职学生按照兴趣、爱好、特长、地域相近等进行分组,在此基础上,由教师和学生共同确定高职思政课课堂实践教学的主题、内容及形式、实践教学活动规则等;(二)在高职思政课课堂实践教学的实施阶段,教师要指导学生围绕其选题,分工负责,完成并在课堂上展示其实践活动成果;(三)在高职思政课课堂实践教学的总结阶段,教师要对学生展示的实践成果进行点评并

赋分。最后，在高职思政课课堂实践教学中，要防止出现以下二种师生关系错位的情况：一是要防止在高职思政课课堂实践教学中出现教师从准备阶段到实施阶段直至总结阶段全程包办代替等情况；二是要防止在高职思政课课堂实践教学中出现教师撒手不管、放任自流等情况。

第五章 高职思政课校内实践教学研究

第一节 高职思政课校内实践教学的概念与特征

一、高职思政课校内实践教学的概念

高职思政课校内实践教学是指在校内,高职学生在高职思政课教师、辅导员和班主任的指导、引导下,根据高职思政课实践教学目标和任务,通过校内专题参观体验及实践、校内竞赛、校内问卷调查、校内志愿服务等实践活动,验证所学的思政课理论知识、提升品行修养、锻造动手能力和创新能力,并完成教师布置的高职思政课实践教学任务的教学活动。

二、高职思政课校内实践教学的特征

(一)高职思政课校内实践教学属于教学活动

从本质上说,高职思政课校内实践教学是指在校内,高职学生在教师的指导、引导下,通过校内专题参观体验及实践、校内竞赛、校内问卷调查、校内志愿服务等实践活动,完成教师布置的高职思政课实践教学任务的一种活动。该活动既有教师"教"的内容,也有高职学生"学"的内容,因而,该活动属于教学活动。在此需要强调指出的是:1. 该教学活动的组织者、指导者、引导者,不仅有高职思政课教师,而且还有辅导员和班主任,这与高职思政课课堂实践教学的组织者、指导者、引导者仅为高职思政课教师显然是不完全一样的;2. 该教学活动的地点在校内,主要利用本校校内现有的思政课实践教学演

练中心、校史馆、图书馆、模拟法庭、现代书院、文化广角、优秀毕业生事迹长廊和校内众创空间等开展高职思政课实践教学，这与高职思政课课堂实践教学的地点仅为课堂显然是不一样的；3. 该教学活动的时间，既可以是正常的上课时间，也可以是周六、周日等节假日和平时课余时间等，这与高职思政课课堂实践教学的时间仅为正常上课时间显然是不完全一样的。

（二）高职思政课校内实践教学是实践教学的一种形式

如前所述，按教学场地来划分，高职思政课实践教学可分为课堂实践教学、校内实践教学、校外实践教学和网络虚拟实践教学等四种形式的实践教学。因此，高职思政课校内实践教学是实践教学的一种形式。在此需要强调指出的是：1. 该教学活动的形式目前主要有四大类：一是参观类，如参观学校图书馆，开展珍惜大学生活专题体验及实践等；二是体验类，如利用校内模拟法庭，开展法治中国专题体验及实践等；三是竞赛类，如利用校内文化广角，开展思政课知识竞赛和"中国梦、我的梦"征文比赛活动等；四是校园问卷调查类，如在校园内开展高职学生诚信状况问卷调查等。2. 该教学活动可覆盖全体高职学生，且其不容易受时间、师资、交通、资金、场地等限制，因而是弥补高职思政课校外实践教学之不足的最佳形式。3. 该教学活动充分体现了全员育人、全方位育人和全过程育人的要求，有利于高职学生逐步养成良好的品行和习惯，并不断提升其运用马克思主义立场、观点、方法分析、解决问题的能力。

（三）高职思政课校内实践教学属于广义实践教学活动

如前所述，高职思政课实践教学有广义和狭义之分，高职思政课校内实践教学是指在校内开展的一种高职思政课实践教学活动，因而，高职思政课校内实践教学属于广义实践教学活动。在此需要强调指出的是：1. 该教学活动的主要内容是高职学生在教师的指导、引导下，将自己所学的思政课理论知识运用到校园日常生活中，通过理论联系实际，一方面，不断验证自己所学的书本上的思政课理论知识，从而树立理论自信，另一方面，在教师的指导、监督下逐步养成良好的品行和习惯，并不断提升自己运用高职思政课理论知识发现、分析、解决校园实际问题的能力；2. 该教学活动必须以高职思政课教材内容为依据，立足于校内现有资源，并与高职学生日常校园生活相结合；3. 高职校园生活虽然是整个社会生活的重要组成部分，但校园生活毕竟不能与社会生活画等号，其与社会生活是有一定的区别的，因此，我们绝不能用高职思政课校内实践教学取代校外实践教学。

第二节 高职思政课校内实践教学的必要性与可能性研究

一、开展高职思政课校内实践教学的必要性

（一）开展高职思政课校内实践教学是贯彻落实教育部相关文件精神的需要

2015年9月10日，教育部印发的《高等学校思想政治理论课建设标准》明确规定："实践教学纳入教学计划，统筹思想政治理论课各门课的实践教学、落实学分（本科2学分，专科1学分）、教学内容、指导教师和专项经费。实践教学覆盖全体学生，建立相对稳定的校外实践教学基地。"由此可见，开展高职思政课校内实践教学是贯彻落实教育部相关文件精神的需要。

（二）开展高职思政课校内实践教学是弥补校外实践教学不足之处、实现高职思政课实践教学覆盖全体学生的需要

目前，高职思政课实践教学大多采用校外实践教学模式，尽管高职思政课校外实践教学有许多优势，但其也存在以下四个方面的不足之处：一是高职思政课校外实践教学难以覆盖全体高职学生，只能从高职学生中按一定比例选取部分学生参加高职思政课校外实践教学；二是高职思政课校外实践教学过程中师生的安全性难以保障；三是高职思政课校外实践教学过程的可控性难以保证；四是高职思政课校外实践教学容易受时间、师资、交通、资金、场地等限制。为了弥补高职思政课校外实践教学的上述不足之处，有必要开展高职思政课校内

实践教学,其理由是:首先,高职校园实际上就是一个微缩的特殊社会,其特殊性就表现在高职校园实际上就是由高职学生组成的社会,据此,我们可以将学校视为社会缩影,由此可见,在校内开展高职思政课实践教学与在校外开展高职思政课实践教学一样,也能实现高职思政课实践教学的所有目标;其次,开展高职思政课校内实践教学不仅可以实现高职思政课实践教学覆盖全体学生,而且高职思政课校内实践教学过程的可控性和师生的安全性均有保障;最后,高职思政课校内实践教学不容易受时间、师资、交通、资金、场地等限制,因而是弥补高职思政课校外实践教学不足之处的最佳形式。由此可见,开展高职思政课校内实践教学是实现高职思政课实践教学覆盖全体学生的需要。

(三)开展高职思政课校内实践教学是实现全员育人、全过程育人和全方位育人的需要

传统的高职思政课实践教学一般采用一员(即思政课教师)育人、阶段性(即高职一年级)育人和校外社会实践育人模式。这种实践教学模式存在以下三个方面的不足之处:一是育人主体单一,仅局限于思政课教师,不仅人数有限,而且普遍缺乏高职思政课实践教学经验;二是育人时间短,仅局限于高职一年级,不利于高职学生养成良好的品行和习惯;三是无法实现全方位育人。开展高职思政课校内实践教学则可以弥补上述实践教学模式的不足之处,真正实现全员育人、全过程育人和全方位育人,其具体理由是:首先,开展高职思政课校内实践教学可以使高职学生走出课堂,改变育人主体单一的状况,充分发挥高职思政课教师、辅导员、班主任和专业课教师育人的积极性、主动性,实现全员育人,即由传统的一员(即思政课教师)育人向全员(包括思政课教师、辅导员、班主任和专业课教师)育人转变;其次,开展高职思政课校内实践教学可以实现全过程育人,即由传统的阶段性(即高职一年级)育人向全过程(包括高职一、二、三年级)育人转变;最后,开展高职思政课校内实践教学可以使高职思政课不受时空限制,实现全方位育人,即由传统的校外社会实践育人向课上、课下、校内、校外、线上、线下全方位育人转变。由此可见,开展高职思政课校内实践教学是实现全员育人、全过程育人和全方位育人的需要。

（四）开展高职思政课校内实践教学是养成高职学生良好品行和习惯的需要

如上所述，传统的高职思政课教学大多采用由教师在课堂上满堂灌、学生在座位上被动接受的教学模式，此种教学模式十分注重高职思政课理论知识的传授，但对于如何让高职学生将所学的高职思政课理论知识运用到具体的实践中、实现高职学生知行合一却涉及较少，这显然不利于养成高职学生良好的品行和习惯。而高职思政课校内实践教学实行"三全育人"即全员育人、全方位育人、全过程育人，此种教学模式不仅注重向高职学生传授高职思政课理论知识，而且可以养成高职学生良好的品行和习惯，其理由有三：一是高职思政课校内实践教学极大地扩展了高职思政课教师的数量，使校园内每一位教师包括思政课教师、辅导员、班主任和专业课教师都成为育人的主体，他们的一言一行都影响着高职学生的成长，这不仅对校园内每一位教师提出了更高要求，而且校园内每一位教师的一言一行也为高职学生树立了学习的榜样，有利于高职学生养成良好的品行和习惯；二是高职思政课校内实践教学极大地延展了高职思政课教学的时间，改变了传统高职思政课课堂教学受时间限制的状况，这使得高职学生接受高职思政课教育教学的时间相比以前有了更大的扩展，高职学生从进入大学校园到毕业可以全方位地接受高职思政课教育教学，这显然有利于高职学生养成良好的品行和习惯；三是高职思政课校内实践教学以校园为课堂，极大地延展了高职思政课教学的场地和空间，改变了传统高职思政课课堂教学受场地和空间限制的状况，这使得高职学生接受高职思政课教育教学的场地和空间相比以前有了更大的扩展，高职学生在大学校园内的一言一行都会受到老师和同学的关注和评价，这显然有利于高职学生养成良好的品行和习惯。由此可见，开展高职思政课校内实践教学是养成高职学生良好品行和习惯的需要。

二、开展高职思政课校内实践教学的可能性

（一）开展高职思政课校内实践教学所需教师充足

开展高职思政课校内实践教学的教师包括高职思政课教师、辅导

员和班主任。其中，根据教育部公布的自 2017 年 10 月 1 日起施行的《普通高等学校辅导员队伍建设规定》第六条的规定，高职应当按总体上师生比不低于 1：200 的比例设置专职辅导员岗位。专职辅导员是指在高职下设的二级学院或者系专职从事大学生日常思想政治教育工作的人员，包括二级学院或者系的党委或者党总支副书记、学工组长、团委或者团总支书记等专职工作人员，专职辅导员具有教师和管理人员双重身份。此外，高职院校可以从本校优秀专任教师、管理人员中选聘一定数量人员担任兼职辅导员；班主任一般由高职专业课教师担任，按班配备、每班配备一名班主任。由此可见，开展高职思政课校内实践教学的教师是充足的。

（二）开展高职思政课校内实践教学所需的硬件条件和软件条件具备

开展高职思政课校内实践教学所需的硬件条件主要包括校内实践教学活动场地、照相摄录器材、情景剧道具等。其中，校内实践教学活动场地又可分为影视资料播放室、实物图片复制品陈列室、高职学生校内实践教学活动演练中心、高职学生实践教学成果展示室等；开展高职思政课校内实践教学所需的软件条件主要包括高职思政课校内实践教学的教学大纲、授课计划、教案、PPT 课件、管理制度、考核评价办法等。一般来说，具备上述硬件和软件条件便可开展高职思政课校内实践教学。目前我国高职院校一般都具备上述硬件和软件条件。

（三）高职思政课校内实践教学因契合高职学生的学习特点而深受高职学生喜爱

如前所述，高职学生对"做中学、学中做"比较感兴趣，而对"教师教、学生学"的满堂灌方式缺乏兴趣。而高职思政课校内实践教学采用让高职学生在"做中学、学中做"的"双主体制"教学模式，这一模式正好契合了高职学生的上述学习特点。该教学模式在我校一经推出，便激发了学生参与高职思政课校内实践教学的热情和积极性。如我校在高职思政课校内实践教学中，有一项实践教学活动为：学校在每年用两个月的时间举办全校高职学生思政课公开课大赛，该项大赛要求高职学生在教师指导下以高职思政课统编教材的某一内容为主题为自己的同学主讲思政课,再由师生代表按一定的规则和权重为其赋分,该项大赛分为各班预赛、二级学院或者系复赛、全校决赛。在该项大赛期间,学生为了取得好的成绩,均利用课余时间积极收集整理资料、认真撰写讲稿、精心制作 PPT 课件,反复听取其他同学的意见和建议。在此项大赛期间,学生一直怀着忐忑心情,在期待中迎来预赛、复赛和决赛。通过此项大赛,高职学生不仅了解了思政课教师工作的苦与乐,产生了对思政课教师的敬意,加深了他们对高职思政课理论知识的理解,进而树立起理论自信。更为重要的是养成了高职学生良好的品行和习惯,使其学会运用马克思主义立场、观点、方法发现、分析和解决实际问题。由此可见,高职思政课校内实践教学因契合高职学生的学习特点而深受高职学生喜爱。

第三节 高职思政课校内实践教学的现状及存在的问题

一、对高职思政课校内实践教学的重要性认识不到位

目前,一方面,仍有一部分同志将高职思政课实践教学仅仅局限于在校外实施的社会实践教学活动,这种认识显然不利于高职思政课校内实践教学的顺利开展;另一方面,虽然有一部分高职院校开展了思政课校内实践教学,但由于对高职思政课校内实践教学模式和特点存在模糊认识,以致在具体的高职思政课校内实践教学中出现了以下三种情况:一是从师资来看,高职思政课校内实践教学的教师仍局限于高职思政课教师,仍然没有实现全员(包括思政课教师、辅导员、班主任和专业课教师)育人;二是从时间来看,高职思政课校内实践教学仍局限于高职一年级,仍然没有实现全过程(即从高职学生入学至毕业)育人;三是从场地和空间来看,高职思政课校内实践教学仍然没有将整个校园作为课堂,仍然没有实现全方位育人。这三种情况均严重制约了高职思政课校内实践教学的有序顺利开展。

二、高职思政课教师的校内实践教学能力有待提高

一方面，从高职思政课教师、辅导员、班主任和专业课教师的经历来看，他们大多从高校到高职，中间没有经过实践锻炼，实践经验不丰富，有的甚至可以说没有实践经验；另一方面，高职思政课校内实践教学对教师的教学能力提出了实践性方面的要求，但目前我国有部分高职院校过去一直没有开展过高职思政课校内实践教学，因而也就没有对高职思政课教师进行过校内实践教学方面的培训，从而导致这部分高职思政课教师的校内实践教学能力有待提高。

三、高职思政课校内实践教学亟待规范

目前虽有部分高职思政课将校园作为课堂，已在校园内开展了高职思政课校内实践教学，但其效果却不尽如人意，突出的问题有以下二个：一是缺乏一部统一的高职思政课校内实践教学的教学大纲和授课计划，教学目标也不明确；二是高职思政课校内实践教学的教学时间、教学内容、教学形式、教学安排、评价与考核均比较随意，没有严格的制度规定和要求。由此可见，高职思政课校内实践教学亟待规范。

四、高职思政课校内实践教学的显性资源与隐性资源有待进一步整合

按照高职思政课校内实践教学资源发挥作用的方式不同，可以将其分为显性资源和隐性资源。一般来说，高职思政课校内实践教学显性资源是指对高职思政课校内实践教学有显而易见、直接作用的高职校内资源，主要包括开展高职思政课校内实践教学所需的人力资源、物力资源和财力资源等。其中，人力资源是指负责高职思政课校内实践教学的机构和人员，机构主要有思政课教学科研部门、教务处、学生处、后勤处、实训部、学校团委、宣传部、组织部和各教学部门等，人员主要有高职思政课教师、辅导员、班主任和专业课教师等；物力资源是指开展高职思政课校内实践教学所需的各种物质，主要包括山、

水、园、林、路等校容校貌，体育馆、校史馆、图书馆、操场等场馆，学生活动中心、学生食堂、学生寝室、众创空间、校内实践教学基地等各种校园内的自然、人文景观及开展高职思政课校内实践教学所需的各种器材和设备等；财力资源是指开展高职思政课校内实践教学所需的资金。高职思政课校内实践教学隐性资源是指对高职思政课校内实践教学有潜移默化、间接作用的高职校内资源，主要包括学校的校规、校纪、校训、校风，教师的师德、师风、言行、修养，班级的班规、班风，学生的学风等。上述高职思政课校内实践教学资源的数量、质量和利用效率直接决定着高职思政课校内实践教学的效果。但目前高职思政课校内实践教学资源却存在着以下三个方面的不足之处：一是高职思政课校内实践教学资源分属不同部门和人员掌握，各自为政，没有形成合力；二是高职思政课校内实践教学资源被大量闲置，没有充分发挥其在高职思政课校内实践教学中的作用；三是高职思政课校内实践教学资源的使用率不高。由此可见，高职思政课校内实践教学的显性资源与隐性资源有待进一步整合。

五、高职思政课校内实践教学考核评价办法有待进一步健全

目前，在高职思政课校内实践教学的考核评价方面存在以下不足之处：一是缺乏统一的高职思政课校内实践教学考核评价办法和标准；二是高职学生思政课校内实践教学的考核成绩在该学生思政课总成绩中所占的比例偏低；三是缺乏一本充分反映高职学生成长轨迹的高职思政课校内实践教学手册。由此可见，高职思政课校内实践教学考核评价办法有待进一步健全。

第四节 开展高职思政课校内实践教学所应遵循的基本原则

高职思政课校内实践教学除了要遵循"双主体制"原则、"学中做、做中学"原则等原则之外，还应遵循以下原则。

一、"全员育人"原则

"全员育人"原则是指在高职思政课校内实践教学中,实施实践教学的教师由传统的一员即高职思政课教师转变为学校全体人员包括高职思政课教师、辅导员、班主任和专业课教师等。

目前,高职思政课校内实践教学的教师主要为思政课专兼职教师。2018年4月12日,教育部以教社科〔2018〕2号文件印发的《新时代高校思想政治理论课教学工作基本要求》中明确规定:"按照师生比不低于1∶350的比例设置专职思想政治理论课教师岗位,为每个教研室(组)配足师资。"实际上有相当多的高职思政课专职教师人数并没有达到这一比例。基于此,开展高职思政课校内实践教学必须实行全员育人,具体来说,高职一年级以思政课教师为主、以辅导员和班主任为辅;高职二年级以辅导员和班主任为主、以思政课教师为辅;高职三年级以专业课教师和辅导员为主、以思政课教师为辅。

二、"全过程育人"原则

"全过程育人"原则是指实施高职思政课校内实践教学的时间由高职一年级变为从高职学生入学至其毕业包括高职一年级、二年级和三年级。其中,对高职一年级学生的教学目标为对其进行系统的马克思主义理论教育并使其理解和掌握;对高职二年级学生的教学目标为帮助其树立正确的世界观、人生观和价值观;对高职三年级学生的教学目标为提高其运用马克思主义的立场、观点、方法分析和解决各种问题的能力。

高职思政课校内实践教学实行"全过程育人"原则的理由是:目前,大部分高职院校一般只在高职一年级开展思政课校内实践教学,高职二年级和三年级一般不开展思政课校内实践教学,这显然因时间太短而不利于养成高职学生良好的品行和习惯。实行"全过程育人"则可对高职学生从其入学到毕业的三年时间内不间断地实施高职思政课校内实践教学,从而使高职学生在思政课教师、辅导员、班主任和专业课教师等的教育、引导、指导、培养和监督下,用三年的时间,在学中做、做中学，力求知行合一，这显然有利于逐步养成高职学生良好的品行和习惯。

三、"全方位育人"原则

"全方位育人"原则是指在高职思政课校内实践教学中，以校园为课堂，立足校内资源，充分利用校内山、水、场、馆、园、林、路、食堂、宿舍、众创空间等，搭建校内实践教学平台，将传统的课堂育人变为校园全方位育人。

"全方位育人"原则主要体现在以下三个方面：一是从育人的空间来说，由传统的课堂育人转变为校园全方位育人，将校园内的一山一水、一草一木、一景一物、一人一事均变为育人的课堂，让高职学生在校园内耳濡目染，并在高职思政课校内实践教学中自然而然地受到社会主义核心价值观的熏陶、感染，逐步养成良好的品行和习惯；二是从育人的内容来说，既有高职思政课教师、辅导员、班主任和专业课教师等对高职学生的言传身教，更有高职思政课教师、辅导员、班主任和专业课教师等对高职学生的思想价值引领，帮助其树立正确的世界观、人生观和价值观；三是从育人的效果来说，实现由"知"与"行"脱节到"知"与"行"合一的转变，即在高职思政课校内实践教学中，高职学生在高职思政课教师、辅导员、班主任和专业课教师等的指导、引导下，通过"学中做、做中学"，既能深刻地理解掌握高职思政课理论知识，又能运用马克思主义的立场、观点、方法分析和解决实际问题，真正做到知行合一，从而彻底改变高职学生"知"与"行"脱节的状况。

四、资源整合原则

资源整合原则是指根据高职思政课校内实践教学目标，按照教育教学规律，并结合校园内的实际情况，将对高职思政课校内实践教学有直接作用的显性资源和对高职思政课校内实践教学有间接作用的隐性资源进行统筹协调、优化组合，使高职校园内具有思政课校内实践教学价值的一切资源为思政课校内实践教学服务。

资源整合原则主要表现在以下三个方面：一是形成合力，对分属不同部门和人员掌握的高职思政课校内实践教学资源进行统筹协调、优化组合，形成一个为高职思政课校内实践教学服务的有机统一、内部和谐、高效运转的资源体系，彻底改变以往资源分属不同部门和人员掌握、各自为政的状况；二是物尽其用，将校园内大量被闲置的高职思政课校内实践教学资源运用起来，充分发挥其在高职思政课校内实践教学中的作用；三是实现资源效益的最大化，将原本不具有高职思政课校内实践教学价值的校内资源进行合理开发，使其成为具有高职思政课校内实践教学价值的资源，并不断提高其使用效率，与此同时，也要进一步合理开发利用原本具有高职思政课校内实践教学价值的校内资源，以实现资源效益的最大化。

五、显性教育与隐性教育并重原则

显性教育与隐性教育并重原则是指高职思政课校内实践教学要将显性教育与隐性教育紧密结合起来，采用显性的教师讲授与隐性的全方位渗透并重的教育模式。

长期以来，高职思政课校内实践教学采用的是显性教师讲授与隐性渗透相结合、侧重显性教师讲授的教育模式，这种教育模式的显著优势是：既有利于对高职学生进行系统的马克思主义理论教育和正面教育引导高职学生，又有利于对教育过程进行管理、监控和评估；其不足之处是：既不生动也不形象，更不具体，有时与实践和现实脱节，严重影响了高职思政课校内实践教学的效果。为此，我们有必要将显性教育与隐性教育紧密结合起来，采用显性的教师讲授与隐性的全方位渗透并重的教育模式。这种教育模式不仅保持了原有教育模式的显著优势，也克服了原有教育模式的不足。这种教育模式要求我们不仅要高度重视高职思政课校内实践教学显性资源包括人力资源、物力资源和财力资源等的思想政治教育功能，而且要充分发挥高职思政课校内实践教学隐性资源在思想政治教育方面的作用，通过学校的校规、校纪、校训、校风，教师的师德、师风、言行、修养，班级的班规、班风，学生的学风等，润物细无声地对高职学生进行隐性思想政治教育；不仅要高度重视校园育人环境建设，而且要给予高职学生日常学习、生活指导服务，让高职学生在不知不觉中接受教育者的思想，潜移默化地引导和教育高职学生。今后在对高职学生进行显性的教师讲授时，应采用柔性讲授的教育模式，并强调讲授的方法和艺术，努力达到讲授无痕的效果。

六、高职学生自我评价、过程性评价与结果性评价相结合原则

高职学生自我评价、过程性评价与结果性评价相结合原则是指在高职思政课校内实践教学中，将高职学生自我评价、过程性评价与结果性评价结合起来，按一定规则和权重，综合评定高职学生的思政课校内实践教学成绩。

上述自我评价、过程性评价和结果性评价构成了一个完整的高职学生在思政课校内实践教学方面的成长闭环，每次评价赋分均会产生相应的坐标点，连接这些坐标点便会产生高职学生在思政课校内实践教学方面的成长曲线，从而引导高职学生更好地成长成才，并促使教师不断改进和完善自己的高职思政课校内实践教学。

第五节　互联网时代改革创新高职思政课校内实践教学的路径

一、搭建高职思政课校内实践教学平台

高职思政课校内实践教学平台主要包括开展高职思政课校内实践教学所需的硬件条件和软件条件等。其中，硬件条件主要指山、水、园、林、路等校容校貌，体育馆、校史馆、图书馆、操场等场馆，学生活动中心、学生食堂、学生寝室、众创空间，校内实践教学基地等各种校园内的自然、人文景观及开展高职思政课校内实践教学所需的各种器材和设备等；软件条件主要指学校的校规、校纪、校训、校风，

教师的师德、师风、言行、修养，班级的班规、班风，学生的学风等，与高职思政课校内实践教学有关的教学管理与实施制度、教学诊断与督导办法、奖励与惩罚制度，与高职思政课校内实践教学有关的教学资源库、教学管理信息系统、智能助教系统等。搭建高职思政课校内实践教学平台有利于高职学生通过理论联系实际，将思政课理论知识与火热的现实生活、热点问题及学生身边活生生事例结合起来，通过收集资料、问卷调查、访谈座谈、参观考察、志愿服务、竞赛、表演微话剧等身临其境、亲身体验、亲身感受，在校内实践教学中验证高职思政课理论知识，促使其形成理论自信，并提高其运用所学高职思政课理论知识分析和解决实际问题的能力。在此需要强调指出以下二点。

（一）高职学生宿舍是重要的高职思政课校内实践教学平台

高职学生宿舍不仅是高职学生在校内停留时间最长的场所，也是高职学生畅所欲言、相互交流思想情感最充分最集中的地方，更是高职学生养成良好的品行和习惯的试验田和舞台，在高职思政课校内实践教学中，可以以高职学生宿舍为实践教学平台，开展"文明宿舍评比""我爱我舍""宿舍卧谈会"等高职思政课校内实践教学活动，让高职学生从爱宿舍的思想情感升华到爱校园的思想情感，进而升华到爱社会、爱国家的思想情感高度，由此可见，高职学生宿舍是重要的高职思政课校内实践教学平台。

（二）高职学生食堂也是重要的高职思政课校内实践教学平台

高职学生食堂不仅是高职学生在校内每天必到的场所，也是高职学生养成良好的品行和习惯的试验田，在高职思政课校内实践教学中，可以以高职学生食堂为实践教学平台，开展"我爱食物""光盘行动""饮食卫生习惯大家谈"等高职思政课校内实践教学活动，让高职学生从爱食物的思想情感升华到尊重别人的劳动果实的思想情感，进而升华到爱劳动、精技能的思想情感高度，由此可见，高职学生食堂也是重要的高职思政课校内实践教学平台。

二、创新高职思政课校内实践教学的方法

目前，我国高职思政课教学大多仍采用"教师主讲、学生听讲"

"教师主角、学生配角"等传统的教学方法,这种以教师为中心单向传授的教学方法,不仅忽视了高职学生在教学过程中的主体性,也不利于高职学生与教师、高职学生与高职学生之间的互动交流,因此,有必要创新高职思政课校内实践教学的方法。

(一)实行高职思政课校内专题式实践教学

立足校内资源,以专题形式实施高职思政课校内实践教学,其途径有:1.参观学校图书馆,开展珍惜大学生活专题体验及实践;2.参观学校优秀毕业生事迹长廊,开展职业道德专题体验及实践;3.利用校内模拟法庭,开展法治中国专题体验及实践;4.利用校内众创空间,开展就业创业形势专题体验及实践;5.利用校内思政课实践教学演练中心,开展马克思主义中国化专题研练活动;6.利用校内现代书院,开展毛泽东诗词、红色经典电影鉴赏和"两岸一家亲、共筑中国梦"诗歌诵读活动;7.利用校内文化广角,开展思政课知识竞赛和"中国梦、我的梦"征文比赛活动;8.参观学校校史馆,以"改革开放以来我家乡的变化"为题开展学生微视频比赛等。

(二)实行高职思政课校内竞赛制实践教学

高职学生参加技能竞赛已是常态,且竞赛对于高职教育的"教"与"学"均有独特的推动和促进作用。高职思政课校内竞赛制实践教学是指在《基础》课程的实践教学中,除寒暑假外,每年学校可以根据本校的实际情况举办四次有全校学生共同参与的与思政课相关的大赛,这四次大赛由全体思政课教师、辅导员、班主任组织所带班级学生全员参与,通过班级初赛和学院复赛,选拔出优秀学生团队参加校级决赛,学生无论是亲自参赛或者是作为大赛观众,均需自己独立完成并交给教师一篇手写的心得体会,再由教师对该心得体会进行评分的一种实践教学形式,其中,每年3月至4月可以举办全校学生思政课知识竞赛,5月至6月可以举办全校学生思政课微话剧比赛,9月至10月可以举办全校学生风采大赛,11月至12月可以举办全校学生思政课公开课大赛。实行高职思政课校内竞赛制实践教学,不仅有利于高职学生养成良好品行和习惯,而且还有利于他们提升团队合作、人际交往、语言表达的能力。

三、创立"五位一体"教学模式促使高职学生全面认知自己、同学和社会

让高职学生全面认知自己、同学和社会是高职思政课校内实践教学的一项重要任务，而创立融读、看、听、演、赛"五位"于一体的高职思政课校内实践教学模式，不仅有利于激发高职学生对高职思政课校内实践教学的浓厚兴趣，更为重要的是有利于充分发挥高职学生在高职思政课校内实践教学中的主体作用，促使高职学生全面认知自己、同学和社会。

"读"是指高职学生大量阅读红色经典原著，进一步加深对高职思政课理论知识的认识和理解，此举不仅可以培养高职学生的自学能力，而且有利于提高高职学生的马克思主义理论水平。"看"是指高职学生在校园内观看红色电影电视剧等红色音视频资料，参观网上红色纪念馆、历史事件发生地等，这可以使高职学生身临其境，亲身感受、亲身体验。大量丰富的红色图片、文物、历史遗迹、音视频资料等可以加深高职学生对党史、国情、民情的了解，验证高职思政课理论，进而树立起理论自信。"听"是指有计划地邀请各行各业专家、学者和本校杰出校友、优秀毕业生等到学校作专题报告，让高职学生感知世界、社会、生活的现实情况及其未来的发展趋势，并在榜样的感召、引领下立志成才报国。"演"是指由高职学生在高职思政课校内实践教学中自编自导自演微话剧、情景剧、影视作品等，其具体做法是：在高职思政课校内实践教学中，首先由学生学习小组成员根据高职思政课统编教材内容共同确定表演主题，然后再在学习小组成员中确定编剧、导演、主角、配角等的最佳人选，之后各学习小组成员之间分工合作，共同完成表演作品，最后由同学评价赋分和教师点评赋分，此举不仅可以进一步加深高职学生对高职思政课理论知识的理解和记忆，而且有利于提高其表演能力、口头语言文字表达能力和运用所学理论分析和解决实际问题的能力。"赛"是指在高职思政课校内实践教学中，高职学生在高职思政课教师、辅导员、班主任和专业课教师等的指导、引导下，参加辩论比赛、演讲比赛、征文比赛、摄影比赛、思政课公

开课比赛等,并由同学和教师评价赋分,最终依分确定名次,通过这些比赛,高职学生可从中发现自己的优势和不足之处,并在今后的学习和生活中不断地克服自己的缺点,向优秀者靠拢,由此可见,此举不仅可以大大提高高职学生的思辨能力、表达能力和创新能力,而且有利于高职学生全面认知自己、同学和社会,不断地克服自身缺点,养成良好的品行和习惯。

四、在校内开展问卷调查帮助高职学生全面观察了解自己、同学和社会

校内问卷调查是一种简便易行、成本较低、意义较大的高职思政课校内实践教学形式。其具体做法如下。

（一）组建高职学生学习小组

组建高职学生学习小组是指在高职思政课校内实践教学组织形式上,以高职学生学习小组为基本单元,以教学内容为主题,以教师为指导,以学生为主体,根据高职学生的兴趣、特长和爱好等因素自愿组成高职学生学习小组,以6人至8人最为合适。学习小组成员分别负责确定问卷调查主题、拟定并制作调查问卷、发放并回收调查问卷、整理分析调查问卷数据、形成调查报告、展示问卷调查成果、评价反馈等工作。学习小组成员各有分工、各有职责、互助合作,共同完成教师布置的高职思政课校内实践教学任务。教师是学习小组任务的设计师,学生是任务的完成者,这样做既增强了高职学生的沟通协调能力,又培养了其团队合作精神,并使高职学生由被动接受变为积极主动参与。在这个过程中,师生共同活动,共同讨论,分别承担不同的角色,从而不断提升高职学生的团队合作精神、综合素质和实践能力。

（二）确定校内问卷调查的主题

在教师的指导、引导下,先由高职学生列出自己感兴趣的主题,再由教师进行汇总、筛选、分类,最后由师生共同确定并向高职学生公布校内问卷调查的主题,在此基础上,再由高职学生学习小组自主选择校内问卷调查主题并在校园内开展问卷调查。一般来说,校内问卷调查的主题可分为以下四大类,其具体内容如下。

1. 高职学生思想态度状况类

属于此类的校内问卷调查主题有：高职学生信仰状况调查、高职学生理想信念调查、高职学生心理健康状况调查；高职学生中的党员和入党积极分子思想状况调查、违纪学生思想状况调查；高职学生对思政课的意见和建议调查、高职学生关注的社会热点、焦点问题调查等。

2. 高职学生学习状况类

属于此类的校内问卷调查主题有：高职学生学习时间状况调查、高职学生学习场所状况调查、高职学生阅读情况调查、高职学生自学情况调查、高职学生专升本情况调查；优秀高职毕业生学习情况调查；高职学生学习倦怠情况调查等。

3. 高职学生课外生活状况类

属于此类的校内问卷调查主题有：高职学生课外体育活动情况调查、高职学生课外劳动情况调查、高职学生课外社团活动状况调查；高职学生文明状况调查、高职学生饮食卫生状况调查、高职学生宿舍文明状况调查、高职学生勤俭节约状况调查；高职学生勤工助学情况调查、高职学生校外兼职情况调查、高职学生消费情况调查；高职学生手机使用情况调查、高职学生上网情况调查、高职学生网购情况调查等。

4. 高职学生人际关系状况类

属于此类的校内问卷调查主题有：高职学生与其家长关系状况调查、高职学生与其老师关系状况调查、高职学生与其同学关系状况调查；高职学生安全意识状况调查、高职学生处理纠纷情况调查等。

（三）指导高职学生设计调查问卷并实施问卷调查

1. 指导高职学生设计调查问卷

高职学生学习小组选定校内问卷调查主题后，教师需根据该主题指导高职学生学习小组设计调查问卷。一般来说，在设计调查问卷时应注意以下三点：一是调查问卷的结构一般由标题、前言、正文和结束语四个部分组成，其中，"标题"一定要简明扼要，并能直接说明本次问卷调查的主题，以便使被调查者对所要回答的问题有一个大致的了解，如：高职学生消费状况调查，一定不要使用"问卷调查"这样简单的标题；"前言"部分主要包括问候语、填表说明和问卷编号，"前言"部分应当说明本次问卷调查目的、调查者身份、保密原则及奖励措施，以消除被调查者的疑虑，激发他们的参与热情；"结束语"也称致谢语，一般放在问卷的最后，是对被调查者的参与表示感谢，也可以设置开放题，征询被调查者的意见、感受，或者是记录调查情况，或者是其他补充说明。二是调查问卷的正文部分，由若干个问题和答案组成，其内容可分为三类：被调查者的基本情况、被调查者的行为、被调查者的态度等。其中，被调查者的基本情况是指被调查者的性别、民族、年龄、政治面貌、受教育程度、职业、婚姻状况、收入、居住地等；被调查者的行为是指被调查者过去及现在的行为状况，以便调查者从中预测被调查者未来行为的可能性；被调查者的态度是指被调查者对特定问题的感受、认识和观点等。三是调查问卷设计必须遵循的原则主要有：效率原则、一致性原则、完整性原则、模块化原则、逻辑性原则、通俗性原则等。其中，效率原则是指在节省调查成本的前提下，务必使问卷调查获取更多、更全面、更准确、更有效的信息，调查问卷一定不要出现与调查目的无关的问题；一致性原则是指调查问卷内容应与调查所希望了解的内容相一致；完整性原则是指问题及其答案选项的完整；模块化原则是指将调查问卷分为若干个功能模块，每个功能模块由若干道问题和答案组成；逻辑性原则是指问题的排列一般应先易后难、先简后繁、先具体后抽象，有一定的逻辑顺序，符合被调查者的思维顺序；通俗性原则是指调查问卷的问题和答案一般应使用通俗易懂的语言来表述。

2. 实施问卷调查

实施问卷调查工作可分为三步：第一步印制调查问卷；第二步发放和回收调查问卷；第三步整理分析回收的调查问卷，为撰写最终调查报告提供相关数据。一般来说，实施问卷调查应注意以下三点：一是填写调查问卷前，调查人员须向被调查人讲解填写要求和注意事项，但不能作任何形式的引导或代填；二是调查问卷填写完毕后由调查人员当场收回，清点份数，核对有无漏填，如有漏填应补齐；三是调查问卷回收后，应先剔除废卷，然后再统计有效问卷的回收率，一般来说，有效问卷的回收率应不低于70%。

（四）指导高职学生撰写调查报告

在高职学生学习小组成员对回收的调查问卷进行整理分析后，教师须指导高职学生撰写调查报告。一般来说，问卷调查报告由标题、前言、主体和结尾四个部分组成，其中，"标题"部分一般可分为标准化格式和非标准化格式两种，标准化格式一般表述为："关于×××的调查报告"等，非标准化格式则是指标题的表述没有固定的格式，可以是陈述式或者提问式等；"前言"部分则要写明本次问卷调查的原由、目的、时间、地点、调查对象或者范围、调查方式和经过等；"主体"部分是调查报告的主要内容，该部分的内容主要有三点：一是详述本次问卷调查的基本情况、做法和经验，二是分析本次问卷调查所获得的数据材料，三是从本次问卷调查所获得的数据材料中得出各种具体的观点和基本结论；"结尾"部分则可以是提出解决问题的对策或建议，或者提出问题以引发人们的进一步思考，或者展望前景并发出号召等。撰写问卷调查报告应注意以下三点：一是"前言"部分要起到承上启下的作用，一定要用简洁的语言对本次问卷调查的目的、时间、地点、范围、对象等作出说明，切记不宜过长，不要把一些不必要的内容加入其中；二是"主体"部分要对本次问卷调查所获得的数据材料进行列举和分析，从中总结出经验并发现其内在的规律，要做到层次清晰、条理分明，既要把握好横向和纵向的关系，又要做到有理有据、恰到好处；三是要根据问卷调查的目的和调查报告的内容来确定调查报告的长短，尽量做到宜长则长，宜短则短，力求长中求短，短小精悍。

（五）问卷调查的考评

首先，要合理设定考评主体，考评主体主要包括高职学生本人、同学和教师（包括思政课教师、辅导员、班主任及专业课教师等），其中，学生自评占15%、同学互评占40%、教师评价占45%。其次，规范问卷调查的考评内容，考评内容主要包括：一、高职学生学习小组成员参与问卷调查活动的态度和现实表现，占15%；二、在问卷调查过程中形成的被调查人填写的调查问卷等原始材料，占30%；三、高职学生撰写的问卷调查报告，占 40%；四、高职学生制作 PPT 展示问卷调查成果，占 15%。最后，考评结果的运用，为了表扬先进、鞭策后进，逐步将高职学生参与问卷调查活动的考核成绩占高职思政课总成绩的比例提升到 15%。

五、运用校内志愿服务活动培养造就高职学生知行合一

运用校内志愿服务活动培养造就高职学生知行合一是指在高职思政课校内实践教学中，高职学生在思政课教师、辅导员、班主任及专业课教师等的指导、引导下，积极参加校内志愿服务活动，并在活动中做到知行合一，逐步养成自己良好的品行和习惯。

目前，校内志愿服务活动主要有以下四大类：第一类是高职学生争创文明班级和文明宿舍活动，此活动有利于陶冶高职学生的道德情操，使高职学生由爱班级、爱宿舍到爱校园、爱社会、爱国家，增强其社会责任感；第二类是光盘行动，此行动有利于形成高职学生勤俭节约的意识和习惯；第三类是高职学生参与校园绿化活动和清除小广告活动，此活动有利于形成高职学生保护生态环境的意识和习惯；第四类是高职学生争当校园安全、卫生标兵活动，此活动有利于形成高职学生时刻关注安全、卫生的意识和习惯。

高职学生参与校内志愿服务活动，不仅可以使高职学生将自己所学的高职思政课理论知识运用到实践中，不断提升自己运用高职思政课理论知识分析和解决实际问题的能力，而且可以使高职学生在志愿服务活动中真正做到知行合一。

第六节 高职思政课校内实践教学的难点研究

一、建成高职思政课校内实践教学演练中心

开展高职思政课校内实践教学，除了要充分整合校内现有资源外，必须根据高职思政课三门课程的内容建成高职思政课校内实践教学演

练中心。该演练中心由实物照片图文资料展示区、影视资料播放区、学生演练区和学生实践成果展示区等组成。其中,实物照片图文资料展示区主要展示与高职思政课三门课程内容相关的实物、照片和图文资料等,在高职思政课校内实践教学中,让高职学生通过参观该区陈列的实物、照片和图文资料等,直观地感受和学习高职思政课三门课程教材中的相关内容;影视资料播放区主要播放与高职思政课三门课程内容相关的影视资料等,在高职思政课校内实践教学中,高职学生可以通过观看该区多媒体教学设备播放的影视资料身临其境地感受和学习高职思政课三门课程教材内容;学生演练区是高职学生在教师的指导、引导下,以学习小组的形式,独立完成教师布置的高职思政课校内实践教学任务的教学场所;学生实践成果展示区是展示高职学生在高职思政课校内实践教学中完成的实践成果的场所,高职学生通过该区域摆放的展板、展柜和多媒体教学设备等可以观看和学习历年来高职学生在高职思政课校内实践教学中完成的优秀实践成果。师生在该演练中心开展高职思政课校内实践教学,可以极大地提升高职学生的学习兴趣和参与度,从而大幅度地提高高职思政课校内实践教学实效性,达到高职思政课校内实践教学目标。

二、充分发挥高职学生社团在高职思政课校内实践教学中的重要作用

高职学生社团是指高职学生为了实现成员的共同愿望,基于共同的兴趣、爱好、特长等自愿组成的、经过批准并按照其章程自主开展活动的群众性学生组织。目前,高职学生社团一般可分为理论学习型社团、学术科技型社团、兴趣爱好型社团、社会公益型社团等。从上述高职学生社团的定义可以看出,高职学生社团与高职思政课校内实践教学的教学组织形式即高职学生学习小组有四个方面的共同点:一是二者都是由有共同的兴趣、爱好、特长等的高职学生自愿组成的;二是二者都是为了实现一定的目标、完成一定的任务而自愿组成的;三是二者都是在教师指导、引导下自主开展活动;四是二者的目标一致,都是为了提升高职学生的综合素质和能力、引导其适应社会、养

成其良好的品行和习惯而自愿组成的。这些共同点使得高职学生社团活动成为高职思政课校内实践教学的有效平台和载体，在高职思政课校内实践教学中，要将高职学生社团活动与高职思政课校内实践教学有机结合起来，充分发挥高职学生社团在高职思政课校内实践教学中的重要作用，其具体做法主要有：（一）以理论学习型社团为中心，突出其对高职学生的引领作用，培养高职学生的思想政治素养；（二）以学术科技型社团为重点，强化其对高职学生团队意识、合作精神和创新精神的培养，以此提高高职学生的职业道德和职业素养；（三）以社会公益型社团为关键点，引导高职学生保护生态环境、勤俭节约、关注弱势群体，培养其服务社会、奉献社会的精神；（四）以兴趣爱好型社团为切入点，为高职学生提供升华情感、施展才艺的舞台，促进其全面发展，加速其社会化进程，逐步养成其良好的品行和习惯；（五）进一步加强对高职学生社团活动的指导，为每一个学生社团配备一名高职思政课教师或者辅导员作为指导教师，指导高职学生按照高职思政课校内实践教学的计划和要求开展融趣味性、知识性和思想性于一体的学生社团活动，使高职学生在潜移默化中接受社会主义核心价值观教育，并逐步提高其运用马克思主义立场、观点、方法分析和解决实际问题的能力。

第七节 开展高职思政课校内实践教学应注意的几个问题

一、要正确处理好高职思政课校内实践教学与校外实践教学的关系问题

既不能用高职思政课校内实践教学取代校外实践教学，也不能用高职思政课校外实践教学取代校内实践教学，其理由如下。

第一，从时间上来说，高职思政课校内实践教学一般在高职学生在校学习期间（即每年的3月至6月和每年的9月至12月）进行；高

职思政课校外实践教学一般在高职学生不在校学习的寒暑假期间（即每年的1月至2月和每年的7月至8月）进行，由此可见，从时间上看，高职思政课校内实践教学与校外实践教学不能相互取代。

第二，从地点来说，高职思政课校内实践教学一般在高职校园内进行；高职思政课校外实践教学一般在高职校园外进行，由此可见，从地点上看，高职思政课校内实践教学与校外实践教学也不能相互取代。

第三，一方面，从社会生活来看，虽然高职校园生活是整个社会生活的一部分，但高职校园生活毕竟不同于校园外的社会生活，因此，高职思政课校内实践教学显然不能取代校外实践教学；另一方面，从参与高职思政课实践教学的学生人数来说，高职思政课校内实践教学一般可以覆盖全体在校学生，但高职思政课校外实践教学却因受时间、场地、交通、费用、安全、教师人数等限制一般只能覆盖一定数量的高职学生代表，无法覆盖全体在校学生，由此可见，高职思政课校外实践教学显然也不能取代校内实践教学。

综上所述，只有将高职思政课校内实践教学与校外实践教学结合起来，各有侧重，相互补充，才能充分发挥二者的优势，弥补二者的不足之处，从而取得良好的教育教学效果。

二、要正确处理好高职思政课校内实践教学中教师主导与学生主体的关系问题

高职思政课校内实践教学可分为教师"教"和学生"学"两个部分，其中，教师是实践教学的主导，高职学生是实践教学的主体。因此，在高职思政课校内实践教学过程中，必须正确处理好教师主导与学生主体的关系问题，实现教师主导与高职学生主体的有机结合，并在高职思政课校内实践教学中充分发挥教师的主导作用和高职学生的主体作用。

在高职思政课校内实践教学中，教师的主导作用主要表现在三个方面。一是指导和引导，即教师指导和引导高职学生开展高职思政课校内实践教学，其具体内容包括：1. 教师要定期或者不定期培训高职学生，让高职学生掌握高职思政课校内实践教学活动的各种知识、内

容、方法和手段等；2. 教师对高职思政课校内实践教学活动的时间、地点、过程、内容、形式等要进行全面掌控，防止其偏离正确的轨道；3. 教师对高职学生拟定的实践活动主题和方案、制作完成的实践活动作品要进行审查和修改；4. 教师指导既不是教师说了算，也不是教师撒手不管、放任自流。二是帮助，即在高职思政课校内实践教学过程中，当高职学生遇到各种问题和困难时，教师要第一时间给予帮助解决。三是监督与评价，即在高职思政课校内实践教学过程中，教师对高职学生的品行要进行全程监督和评价，总的原则是表扬先进、鞭策后进，养成高职学生良好的品行和习惯。

在高职思政课校内实践教学中，高职学生的主体作用主要表现在三个方面：一是自愿，即高职学生积极主动自愿参与高职思政课校内实践教学活动，其具体内容包括：1. 变以往的"消极被动参与"为现在的"积极主动自愿参与"；2. 变以往的"要我学"为现在的"我要学"；3. 变以往的"敷衍应付了事"为现在的"兢兢业业、全力以赴"。二是自主，即在高职思政课校内实践教学过程中，高职学生发挥自身的主体性，独立思考，自主拟定实践活动主题和方案，自主设计制作实践活动作品。三是自为，即在高职思政课校内实践教学过程中，高职学生在教师的指导、引导下，在学中做、做中学，亲自调研，亲自完成实践活动作品。

三、要正确处理好高职思政课校内实践教学中教学内容与教学形式的关系问题

在高职思政课校内实践教学中，教学内容决定教学形式，但教学形式又反作用于教学内容，二者相互联系、相互制约。在处理高职思政课校内实践教学的内容与形式时，要注意四点。一是要高度重视教学内容。在高职思政课校内实践教学中，教学内容主要包括：1. 对高职学生进行系统的马克思主义理论教育并使其理解和掌握；2. 指导高职学生将所学的思政课理论知识运用到实践中，理论联系实际，通过实践提升其运用马克思主义立场、观点、方法发现、分析、解决实际问题的能力；3. 帮助高职学生树立正确的世界观、人生观和价值观，

并在实践中逐步养成良好的品行和习惯,实现知行合一。二是要高度重视教学形式的创新。教学形式是"教学组织形式"的简称,它是指为完成一定的教学任务,师生按一定的规则和要求组织起来进行教学活动的结构、形态和方式,主要包括个别教学制、班级授课制和分组教学制等。在高职思政课校内实践教学中,要努力探索适合教学内容的教学形式。三是在重视实践教学内容的同时,要防止忽视为教学内容服务的教学形式的创新。四是在重视实践教学形式创新的同时,要防止忽视实践教学内容的与时俱进。

第六章 高职思政课校外实践教学研究

第一节 高职思政课校外实践教学的概念与特征

一、高职思政课校外实践教学的概念

高职思政课校外实践教学是指在校外,高职学生在高职思政课教师、辅导员、班主任和专业课教师等(以下简称教师)的指导、引导下,通过参观考察、访谈座谈、社会调查、志愿服务、生产劳动、公益活动、科技发明和勤工助学等社会实践活动,理论联系实际,了解社会、了解国情、增长才干、锻炼毅力、提升品行修养、验证理论、锻造动手能力和创新能力、增强社会责任感、奉献社会,并完成教师布置的高职思政课校外实践教学任务的教学活动。

二、高职思政课校外实践教学的特征

(一)高职思政课校外实践教学属于教学活动

从本质上说,高职思政课校外实践教学是指高职学生在教师的指导、引导下,在校外运用所学的高职思政课理论知识完成教师布置的高职思政课校外实践教学任务的一种活动。该活动既有教师教的内容,也有高职学生学的内容,因而,该活动属于教学活动。在此需要强调指出的是:1. 该教学活动中教师的"教"重在培训、指导、帮助、引导高职学生,在校外运用其所学的高职思政课理论知识发现、分析、解决实际问题;2. 该教学活动中高职学生的"学"是指高职学生通过参观考察、访谈座谈、社会调查、志愿服务、生产劳动、公益活动、

科技发明和勤工助学等社会实践活动，了解社会和国情、增长才干、锻炼毅力、提升品行修养、验证理论、锻造动手能力和创新能力、增强社会责任感、奉献社会；3. 该教学活动的核心是提升高职学生运用马克思主义立场、观点、方法分析和解决实际问题的能力，并养成高职学生良好的品行和习惯，做到知行合一。

（二）高职思政课校外实践教学是实践教学的一种形式

如前所述，按教学场地来划分，高职思政课实践教学可分为课堂实践教学、校内实践教学、校外实践教学和网络虚拟实践教学等四种形式的实践教学。因此，高职思政课校外实践教学是实践教学的一种形式。在此需要强调指出的是：1. 该教学活动的地点在校外，从该教学活动地点的分布状况来划分，高职思政课校外实践教学可分为集中式校外实践教学和分散式校外实践教学。其中，集中式校外实践教学是指在一个地点或者有限的几个地点开展高职思政课校外实践教学活动，如教师带领高职学生参观纪念馆等；分散式校外实践教学是指在多个地点开展高职思政课校外实践教学活动，如高职学生在教师指导、引导下，在寒暑假在自己的家乡开展社会调查等假期社会实践活动等。2. 从该教学活动的时间来划分，高职思政课校外实践教学可分为假期校外实践教学和平时校外实践教学。其中，假期校外实践教学是指高职学生在寒暑假以学习小组的形式在教师的指导、引导下在校外分散开展的以理论联系实际为特征的社会调查、志愿服务等假期社会实践活动；平时校外实践教学是指高职学生在校期间利用周六、周日、其他节假日和平时上课时间在教师的指导、引导下在校外集中开展的以理论联系实际为特征的参观考察等社会实践活动。3. 从参与该教学活动的高职学生人数来划分，高职思政课校外实践教学可分为代表型校外实践教学和全员型校外实践教学。其中，全员型校外实践教学是指全体高职学生在寒暑假以学习小组的形式在教师的指导、引导下在校外分散开展的假期社会实践活动；代表型校外实践教学是指从高职学生中选取一定数量的学生代表利用周六、周日和平时上课时间在教师的指导、引导下在校外集中开展的社会实践活动。

（三）高职思政课校外实践教学属于狭义实践教学活动

如前所述，高职思政课实践教学有广义和狭义之分，根据此种分类，高职思政课校外实践教学显然属于狭义实践教学活动。在此需要强调指出的是：1. 从教学形式来看，高职学生在教师的指导、引导下在校外进行参观考察、访谈座谈、社会调查、志愿服务、生产劳动、公益活动、科技发明和勤工助学等社会实践活动是高职思政课校外实践教学的主要教学形式。2. 从教学内容来看，高职思政课校外实践教学的教学内容主要体现在三个方面：一是高职学生通过校外社会实践活动验证书本上的高职思政课理论知识，从而树立理论自信；二是高职学生将书本上的高职思政课理论知识运用到校外社会实践中分析和解决现实问题；三是高职学生通过参与校外社会实践活动，身临其境、亲身感受、亲身体验，逐步养成良好的品行和习惯，真正做到将书本上的高职思政课理论知识内化于心、外化于行，实现知行合一。3. 从教学目的来看，高职思政课校外实践教学的教学目的主要有三点：一是使高职学生通过校外社会实践活动了解社会、了解国情、增长才干；二是锻炼高职学生毅力，提升其品行修养，锻造其动手能力和创新能力；三是增强高职学生的社会责任感，确立其服务人民、奉献社会的人生追求。

第二节　高职思政课校外实践教学的必要性与可能性研究

一、开展高职思政课校外实践教学的必要性

（一）开展高职思政课校外实践教学是贯彻落实中宣部和教育部相关文件精神的需要

2005年2月7日，中共中央宣传部、教育部以教社政[2005]5号文件印发的《中共中央宣传部　教育部关于进一步加强和改进高等学校思想政治理论课的意见》明确规定："把实践教学与社会调查、志愿服务、公益活动、专业课实习等结合起来，引导大学生走出校门，到

基层去,到工农群众中去。"2015年7月27日,中央宣传部、教育部以教社科〔2015〕2号文件印发的《普通高校思想政治理论课建设体系创新计划》明确规定:"积极争取社会各方面支持,整合实践教学资源,拓展实践教学形式,建设一批相对稳定的实践教学基地。"2015年9月10日,教育部以教社科[2015]3号文件印发的《高等学校思想政治理论课建设标准》进一步明确规定:"实践教学覆盖全体学生,建立相对稳定的校外实践教学基地。"由此可见,开展高职思政课校外实践教学是贯彻落实中宣部和教育部相关文件精神的需要。

(二)开展高职思政课校外实践教学是实现理论与实际相结合的需要

传统的高职思政课教学实行"教师讲、学生听"的模式,这种教学模式的优点是可以对高职学生进行系统的马克思主义理论教育,其不足之处有三点:一是高职学生由于没有亲身感受和亲身体验,对所学的高职思政课理论知识无法产生共鸣,其学习的效果必然大打折扣;二是因高职学生无法将自己所学的高职思政课理论知识运用到实际生活中,因而导致其无法通过亲身实践验证自己所学的高职思政课理论知识;三是理论与实际脱节,不利于高职学生将所学的高职思政课理论知识外化于行。为了克服上述不足之处,必须将理论与实际相结合,实行理论联系实际,为此,必须在发扬光大传统的高职思政课"教师讲、学生听"教学模式优点的基础上,大力开展高职思政课校外实践教学。高职学生通过参加高职思政课校外实践教学,不仅可以在校外实践中验证其所学的高职思政课理论知识,树立其理论自信,而且可以通过身临其境,在内心对其所学的高职思政课理论知识产生共鸣,从而大大提高其理论学习的效果;更为重要的是可以避免理论与实际脱节,并在校外实践中将其所学的高职思政课理论知识外化于行。

(三)开展高职思政课校外实践教学是实现高职学生知行合一的需要

传统的高职思政课理论教学主要是由教师向高职学生传授高职思政课理论知识,这属于高职学生"知"的方面,而高职思政课校外实践教学则为高职学生提供了"行"的舞台,只有将高职思政课理论教学和高职思政课校外实践教学结合起来,在教师的指导、引导和监督下,才能实现高职学生知行合一。在此需要强调指出三点:1."知"是基础、是前提,"行"是核心、是关键;2."知"与"行"脱节,则无法实现高职思政课教学目的;3.只有"知"与"行"合一,才能实现高职思政课教学目的。由此可见,在充分发挥传统高职思政课理论教学优势的基础上,开展高职思政课校外实践教学是实现高职学生知行合一的需要。

(四)开展高职思政课校外实践教学是高职学生走向社会、实现其社会化的需要

高职思政课校外实践教学是连接高职校园生活与校外社会生活的纽带和桥梁,通过该纽带和桥梁,高职学生开始了由学生到社会人的转变历程。在此需要强调指出四点:一是高职学生通过高职思政课校外实践教学可以面对面地接触社会,了解社会,认知社会实现生活,为其毕业后进入社会成为社会人做好心理准备;二是通过高职思政课校外实践教学,高职学生可以将所学的高职思政课知识转化为分析、解决实际问题的能力,为其毕业后进入社会成为社会人做好技能储备;三是高职思政课校外实践教学是高职学生培养自己团队合作精神和创新能力、处理人际关系的试验田,可以为其毕业后进入社会成为社会人提供人际交往方面的经验;四是高职学生可以通过高职思政课校外实践教学体验到服务人民、奉献社会的快乐,这为其确立服务人民、奉献社会的人生追求打下了坚实的基础。由此可见,开展高职思政课校外实践教学是高职学生走向社会、实现其社会化的需要。

二、开展高职思政课校外实践教学的可能性

(一)从时间来看,开展高职思政课校外实践教学有充足的时间

如前所述,从时间来看,高职思政课校外实践教学可分为平时校外实践教学和寒暑假校外实践教学。其中,平时校外实践教学是指高职学生在教师指导、引导下,利用周六、周日、其他节假日和平时上课时间在校外开展参观考察、生产劳动、志愿服务等社会实践活动;寒暑假校外实践教学是指高职学生在教师指导、引导下,利用寒暑假

在校外开展社会调查、公益活动、科技发明等社会实践活动。由此可见，从时间来看，高职学生和教师都有开展高职思政课校外实践教学的充足时间。在此需要强调指出三点：一是平时校外实践教学因受交通、安全、经费等条件限制，无法覆盖全体高职学生，只能覆盖部分高职学生代表，因此，平时校外实践教学又可称代表式校外实践教学，而寒暑假校外实践教学则可覆盖全体高职学生，故寒暑假校外实践教学又可称全员式校外实践教学；二是对高职思政课教学任务安排制度进行创新，充分运用高职学生寒暑假开展高职思政课校外实践教学活动，其具体做法是将《基础》课程的开设时间由原来的高职一年级第一学期变为高职一年级全年，将《概论》课程的开设时间由原来的高职一年级第二学期变为高职二年级全年，通过上述跨学期安排《基础》课程和《概论》课程等高职思政课教学任务，可以巧妙地将高职学生寒暑假纳入到《基础》课程或者《概论》课程的教学时间中来，利用寒暑假开展高职思政课校外实践教学活动；三是虽然高职学生和教师都有开展高职思政课校外实践教学的充足时间，但如果准备不充分，也不会取得好的教学效果。

（二）从空间来看，开展高职思政课校外实践教学有充足的空间

如前所述，从空间来看，高职思政课校外实践教学可分为集中式校外实践教学和分散式校外实践教学。其中，集中式校外实践教学是指高职学生在教师指导、引导下，利用周六、周日、其他节假日和平时上课时间有计划地在教师事先联系的校外的纪念馆、博物馆等地集中开展参观考察等社会实践活动；分散式校外实践教学是指高职学生在教师指导、引导下，利用寒暑假回到自己的家乡分散开展社会调查等社会实践活动。由此可见，从空间来看，高职学生和教师都有开展高职思政课校外实践教学的充足空间。在此需要强调指出三点：一是受交通、安全等条件限制，高职思政课集中式校外实践教学活动一般应选择在学校周边、离学校比较近的爱国主义教育基地、国防教育基地、工矿企业、养老服务机构等进行；二是为了方便校外实践教学的顺利开展，学校应建立固定的高职思政课校外实践教学基地；三是为了提高高职思政课校外实践教学的效果，教师在校外实践教学活动开

始前必须精心设计制作《高职思政课校外实践教学指导手册》,详细规定高职思政课校外实践教学的目的、具体要求、时间安排、主题、主要内容、主要方法、手段、实践成果的制作与展示、考核与评价、注意事项等内容,并且所有高职学生人手一册。

(三)高职思政课校外实践教学因高度契合高职学生的思维特征而深受高职学生喜爱

如前所述,高职学生对"做中学、学中做"比较感兴趣,而对"教师教、学生学"的满堂灌方式缺乏兴趣。高职思政课校外实践教学采用的是"教师主导、学生主体"的"双主体制"教学模式,这一模式高度契合了高职学生的上述思维特征因而深受高职学生喜爱。在此需要强调三点:一是教师必须对高职思政课校外实践教学活动进行全程指导和掌控,既不能当甩手掌柜,也不能替学生包办一切;二是高职学生在高职思政课校外实践教学中必须亲力亲为,运用所学的高职思政课理论知识发现、分析和解决实际问题,既不能当东郭先生,滥竽充数,也不能得过且过,敷衍了事;三是必须将高职思政课校外实践教学的考核成绩纳入师生的考核评价体系,并大幅度提高高职思政课校外实践教学考核成绩在高职学生思政课总成绩中的比例,以调动师生参与高职思政课校外实践教学活动的积极性和主动性。

第三节 高职思政课校外实践教学的现状及存在的问题

一、对高职思政课校外实践教学的认识有待进一步提高

目前,部分高职领导、教师和高职学生对高职思政课校外实践教学仍然存在着认识不到位的情况,其具体表现有二点:(一)部分高职领导和教师因担心高职学生在思政课校外实践教学活动中出现人身安全等问题而对安排高职学生参加高职思政课校外实践教学活动有抵触情绪;(二)部分高职学生认为其上学是为了获得一技之长,找到好工

作，在他们看来高职思政课对其找工作作用不大，因而开不开无所谓，至于高职思政课校外实践教学活动则更是可有可无。这些错误的认识对部分高职学生造成了不良影响，使他们对高职思政课校外实践教学存在一定误解。

二、高职思政课校外实践教学的时间安排有待改进

目前，高职思政课校外实践教学在时间安排方面存在以下问题：一是如果将高职思政课校外实践教学安排在周六、周日和其他节假日，虽然高职学生和教师有时间，也不用调课，但师生所要前往的校外实践教学场所却因为周六、周日和其他节假日是法定公休日，该场所的工作人员可能要休假而不能接待师生开展校外实践教学；或者该校外实践教学场所因为周六、周日和其他节假日是法定公休日，到访的人员数量比正常上班时间到访的人员数量多，受其接待能力的限制，该场所也可能无法接待大量师生在此开展校外实践教学。二是如果将高职思政课校外实践教学安排在平时高职学生上课时间，虽然师生所要前往的校外实践教学场所有时间，可以接待，但因要往返于学校与校外实践教学场所之间，其用时少则半天、多则一天，这就要求教师为高职学生办理停课或者调课手续，而且因为人数多、时间短，学生往往是走马观花，其教学效果也不会太好。三是高职思政课校外实践教学的内容较多、涉及面较广，单靠平时用一天或者几天的时间开展高职思政课校外实践教学显然不能从根本上改变理论与实践脱节的问题，而以现有的条件要经常性地开展高职思政课校外实践教学显然也是不现实、不可能的。四是虽然在每年寒暑假，高职学生和教师有开展高职思政课校外实践教学的充足时间，但目前高职思政课教学任务的安排办法却不利于高职学生和教师在寒暑假开展高职思政课校外实践教学活动，其具体表现是：目前，高职一般在一年级上学期开设《基础》课程，在一年级下学期开设《概论》课程，由此导致《基础》课程在寒假开始前已经上完，《概论》课程要在寒假结束后才开始上，而《基础》课程和《概论》课程在暑假开始前均已上完。在此种情况下，如果在寒假组织师生开展高职思政课校外实践教学，此时，高职学生

已学完《基础》课程，但还没有学习《概论》课程，其校外实践教学的内容如涉及《基础》课程，则因《基础》课程已上完，其成绩评定已结束，教师一般很难再组织高职学生完成教师布置的校外实践教学任务，如其校外实践教学的内容涉及《概论》课程，则因《概论》课程还没有上，学生对其内容不了解，因而也很难就《概论》课程内容开展有针对性的校外实践教学活动；另外，如果在暑假组织师生开展高职思政课校外实践教学，此时，高职学生已学完《基础》课程和《概论》课程，其校外实践教学的内容如涉及《基础》课程和《概论》课程，则因《基础》课程和《概论》课程均已上完，其成绩评定也已结束，教师同样很难再组织高职学生完成教师布置的校外实践教学任务。由此可见，目前的高职思政课教学任务安排办法显然不利于高职学生和教师在寒暑假开展高职思政课校外实践教学活动。

三、高职思政课校外实践教学基地的数量和质量不尽如人意

高职思政课校外实践教学基地对高职思政课校外实践教学具有十分重要的作用，其具体表现有三点。一是高职思政课校外实践教学基地可以使高职思政课实践教学更鲜活、更生动、更具体，其直观性、感染力和震撼性是高职思政课课堂理论教学所无法比拟的；二是高职思政课校外实践教学基地为高职学生提供了一个理论联系实际的平台，通过该校外实践教学基地，高职学生不仅可以验证自己所学的思政课理论知识，从而树立理论自信，而且可以不断提升自身运用马克思主义立场、观点、方法分析和解决实际问题的能力；三是高职思政课校外实践教学基地不仅直接为高职思政课提供了丰富鲜活的教育资源，更为重要的是可以使高职学生通过在该校外实践教学基地的实践活动逐步养成良好的品行和习惯。但目前高职思政课校外实践教学基地的数量和质量却不尽如人意，其具体表现如下：（一）有部分高职院校至今既没有建立思政课校外实践教学基地，也没有开展过思政课校外实践教学活动；（二）有部分高职虽然已建立思政课校外实践教学基地，但对其中蕴藏的思想政治教育内容的挖掘还显得不够充分；（三）有部分高职院校虽然已建立思政课校外实践教学基地，但其利用率不

高，还没有覆盖到全体高职学生。

四、高职思政课校外实践教学缺乏广泛性

目前，虽然高职思政课校外实践教学取得了长足的进步，其成果丰硕，但高职思政课校外实践教学却仍然缺乏广泛性，其具体表现有二点：（一）因教师不足等原因，有部分高职院校至今未开展过思政课校外实践教学；（二）有部分高职院校虽然开展了思政课校外实践教学，但由于受到交通、经费、安全等因素的限制，一般只选取了部分高职学生代表在教师的指导、引导下到校外开展高职思政课校外实践教学，此种高职思政课校外实践教学属于高职学生代表校外实践，不是"人人参与"。

五、高职思政课校外实践教学的规范性不强

目前，尽管开展思政课校外实践教学活动的高职院校数量正在与日俱增，但高职思政课校外实践教学的规范性却仍然不强，其具体表现有三点：（一）缺乏统一的高职思政课校外实践教学的教学大纲和授课计划，高职思政课校外实践教学比较随意；（二）高职思政课校外实践教学活动缺乏统一的经费使用标准，当学校有资金保障时，就开展高职思政课校外实践教学活动，当学校没有资金保障时，就不开展高职思政课校外实践教学活动；（三）缺乏统一的高职思政课校外实践教学考核评价制度，不利于调动广大师生参与高职思政课校外实践教学活动的积极性和主动性。

第四节 开展高职思政课校外实践教学所应遵循的基本原则

一、"全员参与、全员受益"的原则

"全员参与"是指高职思政课校外实践教学覆盖全体高职学生。"全

员受益"是指高职学生在教师的指导、引导下,通过高职思政课校外实践教学活动,不仅验证自己所学的高职思政课理论知识,从而树立起理论自信,而且不断提升自己运用马克思主义立场、观点、方法分析、解决实际问题的能力,更为重要的是逐步养成自己良好的品行和习惯。在此需要强调指出三点。(一)实行此原则的前提是高职思政课校外实践教学资源丰富,足以支撑高职学生全员参与,如果高职思政课校外实践教学资源不丰富,则难以实现高职学生全员参与,而要使高职思政课校外实践教学资源足以支撑高职学生全员参与,则除了要建设一定数量的高职思政课校外实践教学基地外,更为重要的是将高职学生的家乡纳入高职思政课校外实践教学基地之中,高职学生以居住地相距不远为标准组成学习小组利用寒暑假 3 个月的时间在各自的家乡,在教师的精心指导、引导下,开展高职思政课校外实践教学活动,此举可以实现高职学生全员参与高职思政课校外实践教学活动。(二)实行此原则的关键在教师,其理由是:在高职思政课校外实践教学活动中,教师既是活动的组织者、设计者、指导者,也是活动主题的确定者、活动过程的监控者、学生难题的解决者、学生困难的帮助者和活动的考核评价者,因此,离开了教师的积极参与,则高职思政课校外实践教学虽然有可能实现高职学生全员参与,但却难以保证高职学生全员受益。为此,一方面,必须从高职思政课理论和实践两个方面加强对教师的培训,努力提高其理论、实践素质;另一方面,必须以制度规范教师在高职思政课校外实践教学中的责、权、利,以调动其在高职思政课校外实践教学中的积极性、主动性,增强其使命感、责任感,避免出现教师敷衍了事的情况。(三)实行此原则的重点和难点在于调动高职学生参与高职思政课校外实践教学的积极性和主动性,其理由是:如果高职学生真心喜爱高职思政课校外实践教学活动,则在高职学生强大的内生动力的驱动下,必然会出现高职学生全员参与、全员受益的情况;如果高职学生对参与高职思政课校外实践教学活动热情不高、兴趣不大,则虽然在教师的强烈要求下,有可能实现人人参与,但一定不能实现人人受益。为此,一方面,教师必须认真做好高职思政课校外实践教学这篇大文章,让高职学生在高职思政课校外实践教学中感受到真善美、正能量，在内心产生共鸣，从而真心喜爱高职思政课校外实践教学；另一方面，必须对高职学生在高职思政课校外实践教学中的表现及其实践成果进行考核评价，并制定相应的奖惩制度来予以奖惩，以调动其在高职思政课校外实践教学中的积极性、主动性，增强其使命感、责任感，避免出现高职学生敷衍应付的情况。

二、跨学期安排高职思政课教学任务的原则

跨学期安排高职思政课教学任务的原则是指：一方面，在高职一年级上学期第1周至第16周和高职一年级下学期第1周至第8周每周2课时（每课时45分钟）开设《基础》课程，共计48课时，此种教学任务安排将高职学生的寒假放在了《基础》课程的教学过程中，高职学生可以在教师的指导、引导下利用寒假开展高职思政课校外实践教学；另一方面，在高职一年级下学期第9周至第16周、高职二年级上学期第1周至16周和高职二年级下学期第1周至第8周每周2课时（每课时45分钟）开设《概论》课程，共计64课时，此种教学任务安排将高职学生的寒暑假放在了《概论》课程的教学过程中，高职学生可以在教师的指导、引导下利用寒暑假开展高职思政课校外实践教学。

实行此原则的理由是：（一）通过改变以往一学期或者一学年只安排一门课程的惯性思维，跨学期安排高职思政课教学任务，从而巧妙地将高职学生的第一个寒假安排在了高职《基础》课程的教学过程中、将高职学生的第一个暑假和第二个寒假安排在了高职《概论》课程的教学过程中，此种安排使高职学生在开展高职思政课校外实践教学时既有充足的时间，又可利用其家乡丰富的实践教学资源，从而彻底改变目前高职思政课校外实践教学资源不足的状况；（二）使全体高职学生人人参与高职思政课校外实践教学且人人受益由可能变为现实，从而彻底改变目前高职思政课校外实践教学仅覆盖少数高职学生代表的状况；（三）有利于高职学生将书本知识运用到实践中，验证高职思政课理论，确立理论自信，并不断提升其运用高职思政课理论分析和解决实际问题的能力，逐步养成其良好的品行和习惯；（四）有利于高职

思政课校外实践教学向高职学生真心喜爱、终身受益、毕生难忘的方向发展,从而彻底改变目前高职思政课校外实践教学以高职学生提交一篇社会实践报告了事的千人一面的状况。

三、集中实践教学与分散实践教学相结合原则

集中实践教学与分散实践教学相结合原则是指在高职思政课校外实践教学中,将集中式高职思政课校外实践教学和分散式高职思政课校外实践教学结合起来,综合运用。其中,集中式高职思政课校外实践教学是指高职学生在校期间,在教师的指导、引导下,集中在一起开展高职思政课校外实践教学,其常见的活动形式主要有教师带领高职学生参观、考察等,此种高职思政课校外实践教学属于认知感悟式实践教学;分散式高职思政课校外实践教学是指高职学生在寒暑假分散在各自的家乡,在教师的指导、引导下,以高职学生学习小组的形式开展高职思政课校外实践教学,其常见的活动形式主要有高职学生参加访谈座谈、社会调查和志愿服务、生产劳动、公益活动、科技发明、勤工助学等,此种高职思政课校外实践教学属于体验式实践教学。

实行集中实践教学与分散实践教学相结合原则的理由是:(一)实行此项原则,将使高职学生参加高职思政课校外实践教学的时间由高职学生在校期间变为高职学生在校期间和寒暑假,这样就可使高职学生有充足的时间参与高职思政课校外实践教学活动,从而彻底解决高职学生参与高职思政课校外实践教学活动时间不足的问题;(二)实行此项原则,将使高职学生在高职思政课校外实践教学活动中可以使用的校外实践教学资源由本校在其周边建立的高职思政课校外实践教学基地变为本校建立的高职思政课校外实践教学基地加全国各地丰富的高职思政课校外实践教学资源,这样就可使高职学生有充足的高职思政课校外实践教学资源可以使用,从而彻底解决高职学生可使用的高职思政课校外实践教学资源不足的问题;(三)实行此项原则,可以使高职学生通过参观考察、访谈座谈、社会调查、志愿服务、生产劳动、公益活动、科技发明和勤工助学等活动,验证理论,提升其分析和解决实际问题的能力和创新能力,并逐步养成其良好的品行和习惯。

四、理论联系实际原则

理论联系实际原则是指在高职思政课校外实践教学中，高职学生在教师指导、引导下，将其所学的高职思政课理论知识运用到实践中，不断验证理论，树立理论自信，同时学会运用马克思主义立场、观点、方法发现、分析和解决实际问题，并逐步养成良好品行和习惯。

实行此项原则的理由是：（一）高职学生只有通过理论联系实际，才能将自己所学的高职思政课理论知识运用到实践中，并通过实践不断验证自己所学的高职思政课理论知识，从而树立起理论自信；（二）高职学生只有通过理论联系实际，才能将自己所学的马克思主义立场、观点、方法运用到实践中去发现、分析和解决实际问题，并通过举一反三，不断提升自己运用马克思主义立场、观点、方法分析和解决实际问题的能力；（三）如果理论不联系实际，则容易造成高职学生的理论学习与实际生活脱节，最终既不利于高职学生的高职思政课理论学习和知行合一，也不利于高职学生逐步养成良好品行和习惯。实行此项原则应注意三点：一是要将高职思政课理论知识的学习看作高职学生联系实际的前提，如果高职学生在没有掌握马克思主义立场、观点、方法的前提下就急于去"联系实际"，显然不能算是理论联系实际；二是高职学生要在教师的指导、引导下学会运用自己所学的高职思政课理论知识分析、解决现实生活中的实际问题，并举一反三；三是高职学生要在实践的基础上勇于理论创新。

五、高职思政课校外实践教学的规范性原则

高职思政课校外实践教学的规范性原则是指对高职思政课校外实践教学的目的、任务、对象、主题、教学大纲、授课计划、教学内容、教学时间、学时安排、教材选取、教学方法、教学手段、成绩评定等进行统一规范，制定明确具体的高职思政课校外实践教学实施办法，从而使高职思政课校外实践教学有规可依、有章可循。

实行此原则的理由是：（一）对高职思政课校外实践教学进行统一规范，使教师知道其在高职思政课校外实践教学活动中的责、权、利，

有利于调动教师参与高职思政课校外实践教学活动的积极性和主动性，并使教师在开展高职思政课校外实践教学活动时有章可循，从而彻底改变教师在开展高职思政课校外实践教学时各自为政、随意性大的状况；（二）对高职思政课校外实践教学进行统一规范，使高职学生知道其在高职思政课校外实践教学活动中的责、权、利，有利于调动高职学生参与高职思政课校外实践教学活动的积极性和主动性，从而产生内生动力，使高职学生在对待高职思政课校外实践教学的态度上由以往的"要我学"转变为"我要学"；（三）对高职思政课校外实践教学进行统一规范，就为督导、检查、考核评价高职思政课校外实践教学活动提供了统一标准，通过督导、检查、考评等环节，可以对高职思政课校外实践教学活动进行全程有效监管，从而大幅度提升高职思政课校外实践教学活动的效果。实行此原则需要注意三点：（一）在强调规范性的同时，要体现差异性，根据高职学生所学专业的特点和思政课校外实践教学资源的特色，确定不同的实践活动主题，从而形成丰富多彩、各具特色的实践成果，防止出现千人一面、千校一面的情况；（二）在突出规范性的同时，要体现创新性，防止在高职思政课校外实践教学中出现简单化和程式化的情况；（三）在尊重规范性的同时，要体现实效性，防止在高职思政课校外实践教学中出现规范有余而实效性差的情况。

六、整合高职思政课校外实践教学资源原则

整合高职思政课校外实践教学资源原则是指立足高职思政课校外实践教学，一方面从历史、现实、特色、日常生活、思想、道德、法治等方面对现有高职思政课校外实践教学基地进行规划整合包括新建、改建和扩建，另一方面，对与高职思政课校外实践教学有关的遍布全国的各种基地资源进行规划整合，充分挖掘专业课实践教学基地和实训实习基地的思想政治教育元素并将其纳入高职思政课校外实践教学资源库。

实行此项原则的理由是：（一）从历史、现实、特色、日常生活、思想、道德、法治等方面对现有高职思政课校外实践教学基地进行规

划、整合，有利于避免重复建设；（二）目前高职院校建有众多的专业课实践教学基地和实训实习基地，充分挖掘这些基地的思想政治教育元素，并将其纳入高职思政课校外实践教学资源库供高职学生使用，有利于充分发挥这些基地资源的综合使用效率，避免浪费；（三）对与高职思政课校外实践教学有关的遍布全国的各种基地资源进行规划整合，有利于解决高职思政课校外实践教学资源不足的问题。实行此项原则应注意四点：（一）主动与学校周边的爱国主义教育基地、国防教育基地及有代表性的企业、社区、农村等联系，经系统整合后新建、改建、扩建爱国主义教育、国防教育、企业、社区、农村等方面的高职思政课校外实践教学基地；（二）通过整合，突出高职思政课校外实践教学资源的特色，避免高职思政课校外实践教学千校一面、千人一面；（三）对高职思政课校外实践教学资源进行系统整合，必须坚持以高职学生为本、方便高职学生开展思政课校外实践教学、节约、效益最大化等原则；（四）通过现代信息通信技术，系统整合与高职思政课校外实践教学有关的各种基地资源，并将全国各地的思政课校外实践教学基地连接起来，互联互通，对高职学生免费开放，让高职学生在教师的指导、引导下利用寒暑假在各自家乡开展高职思政课校外实践教学活动。

第五节 互联网时代改革创新高职思政课校外实践教学的路径

一、建成高职思政课校外实践教学基地

建成高职思政课校外实践教学基地是指建成高职学生在教师指导、引导下开展高职思政课校外实践教学所需的各种基地，包括学校周边和遍布全国的各种高职思政课校外实践教学基地、具有思想政治教育要素和功能的各种高职专业课校外实践教学基地和高职实习实训基地等。

从功能来划分，可将高职思政课校外实践教学基地分为高职思政课校外实践教学的专门基地和单项基地。其中，高职思政课校外实践教学的专门基地是指专门为高职思政课校外实践教学服务而建设的基地；高职思政课校外实践教学的单项基地是指充分发掘各种高职专业课校外实践教学基地和高职实习实训基地的思想政治教育要素和功能为高职思政课校外实践教学服务的基地，如在高职实习实训基地对高职学生开展职业道德、工匠精神和劳模精神教育。建成高职思政课校外实践教学基地对高职思政课校外实践教学具有十分重要的意义，其具体表现是：（一）高职思政课校外实践教学基地是高职学生认知和体验真实社会生活、感知时代脉搏的好平台，高职思政课校外实践教学基地一般都拥有与高职思政课教材内容紧密相连的实物场景、模范人物、历史事件、精彩故事等，所有这些都为高职学生准确理解和把握高职思政课教材内容、认知和体验真实社会生活、感知时代脉搏找到了现实的注解和令人信服的诠释；（二）高职思政课校外实践教学基地是高职学生理论联系实际、学以致用、增长智慧和技能、实现知行合一的试验田，高职学生通过高职思政课校外实践教学基地可以将自己所学的高职思政课理论知识运用到实践中，验证理论，树立理论自信，并不断提升自己运用高职思政课理论分析和解决实际问题的能力，逐步养成良好的品行和习惯；（三）高职思政课校外实践教学基地是高职学生施展才艺、服务人民、回报社会的大舞台，高职学生通过高职思政课校外实践教学基地可以将自己平时积累的知识、技能、才艺用来为基地的普通群众服务，这样做不仅可以使高职学生近距离地观察社会、感知时代和现实生活，而且可以通过为普通人民群众服务，感悟自己人生价值，并逐步树立正确的世界观、人生观和价值观。在建设高职思政课校外实践教学基地时，应注意四点：（一）合理规划、科学选址是前提，在建设高职思政课校外实践教学基地之前，要根据高职思政课校外实践教学的目的、教学大纲、授课计划、教学内容等，并结合本校的专业特色和学生特点，对拟建的基地进行合理规划，制定详细的规划方案和时间表，并以此为依据对拟建的基地进行全面的实地考察、充分论证，在科学分析优缺点的基础上选定建设地址，切不可盲目建设、随意选址。（二）校地共建是核心，共建是学校与基地在充分沟通、协商的基础上，各自发挥自己的优势和长处，共同投入、共同管理、共同维护、共同发展，从而实现双赢的活动，共建绝不仅仅意味着要在基地挂一块高职思政课校外实践教学基地的牌子，更为重要的是：共建要求校地双方共同研究制定开发利用保护基地资源的办法和举措；学校要在力所能及的范围内给予基地必要的物力、财力、技术等方面的支持；基地要投入更大的人力、精力、时间确保基地资源永续利用；校地双方要定期召开会议，总结经验，改进不足，确保基地持续有效运行。（三）经费支持是保障，目前，经费不足是制约高职思政课校外实践教学基地建设与健康发展的重要因素之一，为此，必须采取措施，积极筹集资金支持高职思政课校外实践教学基地建设和发展，其具体措施有四点：一是学校根据思政课校外实践教学的需要划拨一部分经费用于校外实践教学基地建设与发展；二是由教师申报各级课题和项目，获得批准后带领高职学生深入基地开展研究，并在法律法规政策允许的范围内给予基地一定资金和物质支持；三是广泛动员校友给基地捐赠部分资金和物质；四是基地依法接受社会各界人士和机构的无偿援助和捐赠。（四）安全是关键，在高职思政课校外实践教学基地的建设与发展中，校地双方要将高职学生在基地的安全作为头等大事，常抓不懈，具体来说，其举措有四点：一是校地双方要专门就高职学生在基地的安全工作签订目标责任书，明确规定校地双方各自的责任；二是校地双方要统一为高职学生投缴意外伤害等保险；三是校地双方要对高职学生进行经常性的安全教育，杜绝各种安全隐患；四是高职学生要牢固树立安全意识和观念，严格按各项安全规章制度办事，确保不发生安全事故。

二、整合高职思政课校外实践教学资源

整合高职思政课校外实践教学资源是指为了为高职思政课提供充足的校外实践教学资源，不仅要对现有高职思政课校外实践教学资源进行合理利用和充分发掘，使其效益最大化，而且要对高职专业课校外实践教学资源和高职校外实习实训资源包含的思想政治教育元素进

行发掘和利用,将其纳入高职思政课校外实践教学资源的范畴,发挥其对高职学生的思想政治教育作用,更为重要的是要节约使用上述高职思政课校外实践教学资源,降低其使用成本,并使其持续有效地发挥作用。

高职思政课校外实践教学资源主要包括人力资源、物力资源、财力资源和时间资源等。其中,人力资源主要是指高职思政课教师、辅导员、班主任、专业课教师、学校为高职学生聘任的校外实践指导教师如社会知名人士、杰出校友等;物力资源主要是指各种高职思政课校外实践教学专门基地资源、高职思政课校外实践教学单项基地资源等;财力资源主要是指用于高职思政课校外实践教学的各种资金,包括学校拨付的教学经费、各级各类与高职思政课校外实践教学有关的课题和项目补助经费及各种捐赠资金等;时间资源主要是指高职学生开展高职思政课校外实践教学的时间,包括高职学生在校上课时间、节假日和寒暑假。整合高职思政课校外实践教学资源应注意四点:一是要摸清家底,要通过调查研究,彻底弄清楚与高职思政课校外实践教学有关的所有资源家底包括学校周边和高职学生生源地可用于高职思政课校外实践教学的各种资源,分门别类,登记造册;二是要根据高职思政课教材内容,本着发挥资源的最大效益、体现多样性、高职思政课校外实践教学覆盖全体学生、节约资源、确保资源永续利用等原则做好顶层设计,制定整合方案,明确路线图和时间表,并精准实施高职思政课校外实践教学资源整合工作;三是建立高职思政课校外实践教学资源整合的动态机制,使所有高职思政课校外实践教学资源始终处于满负荷的高效运转中,并确保其永续利用;四是确保所有高职思政课校外实践教学资源对高职学生和教师免费开放。

三、巧用寒暑假开展高职思政课校外实践教学

巧用寒暑假开展高职思政课校外实践教学是指通过跨学期安排高职思政课教学任务,而将高职学生的寒暑假纳入到高职思政课的教学过程中,从而使高职学生有充足的时间和资源在教师的指导、引导下在各自的家乡开展高职思政课校外实践教学活动。其具体内容

为：（一）在高职一年级第一学期第 1 周至第 16 周和高职一年级第二学期第 1 周至第 8 周共 24 周每周 2 课时（每课时 45 分钟）开设《基础》课程，共计 48 课时，此种教学任务安排将高职学生的寒假放在了《基础》课程的教学过程中，高职学生可以在教师的指导、引导下利用寒假在各自的家乡开展《基础》课程的校外实践教学活动；（二）在高职一年级第二学期第 9 周至第 16 周、高职二年级第一学期第 1 周至 16 周和高职二年级第二学期第 1 周至第 8 周共 32 周每周 2 课时（每课时 45 分钟）开设《概论》课程，共计 64 课时，此种教学任务安排将高职学生的暑假和寒假均放在了《概论》课程的教学过程中，高职学生可以在教师的指导、引导下利用寒暑假在各自的家乡开展《概论》课程的校外实践教学活动。

在巧用寒暑假开展高职思政课校外实践教学时，应注意四点：（一）跨学期安排高职思政课教学任务是前提，只有打破常规，跨学期安排教学任务，才能将高职学生的寒暑假巧妙地纳入到高职思政课的教学过程中，从而使高职学生利用寒暑假有充足的时间开展思政课校外实践教学活动。（二）教师精心编发《高职思政课校外实践教学指导手册》是核心，高职学生在利用寒暑假开展思政课校外实践教学之前，通过在校上思政课，对高职思政课理论知识已不陌生，但对高职思政课校外实践教学活动却比较陌生，因此，教师在高职学生开展思政课校外实践教学活动之前，必须向高职学生讲明高职思政课校外实践教学活动的目的、主题、内容、方法、手段、成绩评定和具体要求等内容，并将其编印成《高职思政课校外实践教学指导手册》发给高职学生，人手一册，以此指导高职学生在寒暑假开展高职思政课校外实践教学活动。（三）运用互联网和现代信息技术搭建师生网上互动交流平台是保障，高职学生在寒暑假开展高职思政课校外实践教学活动的过程中，必然会遇到许多问题和困难，虽然此时教师不在其身边，但通过建立师生交流 QQ 群或者微信群，教师也可在第一时间回答高职学生所提的各种问题，帮助其克服各种各样的困难，指导其开展思政课校外实践教学活动，与此同时，通过该 QQ 群或者微信群，教师与高职学生之间、高职学生与高职学生之间开展沟通、交流和联系均十分方便和快捷。(四)对高职学生参与思政课寒暑假校外实践教学活动的情况进行严格的考核评价是关键,如不对高职学生参与此项活动的情况进行考核评价,则难以调动高职学生参与此项活动的积极性和主动性,由此必然导致此项活动的效果大打折扣。

四、集中实践教学与分散实践教学并举

集中实践教学与分散实践教学并举是指既要重视集中实践教学,又要重视分散实践教学,要将这二者科学有机地结合起来,同等重要、同等对待、同等实施,绝不能厚此薄彼、区别对待。其中,集中实践教学是指根据高职思政课教学大纲和授课计划,由高职思政课教学研究部门提前与高职思政课校外实践教学点联系妥当后,再由教师在高职学生在校上课期间或者利用周六、周日及其他节假日分期分批地带领各自的教学班学生前往校外实践教学点集中开展高职思政课校外实践教学的活动;分散实践教学是指根据高职思政课教学大纲和授课计划,高职学生在教师的指导、引导下利用寒暑假在各自家乡分散开展高职思政课校外实践教学的活动。

集中实践教学的优势是在高职思政课校外集中实践教学的过程中,教师与学生之间、学生与学生之间可以近距离地面对面进行沟通与交流,其不足之处是时间太短,且不能经常举行;分散实践教学的优势是确保全员参与,且时间长,每年寒暑假有三个月之久,其不足之处是教师与学生之间、学生与学生之间无法近距离地面对面进行沟通与交流。由此可见,集中实践教学与分散实践教学各有优势和不足,只有将二者有机结合起来,互相取长补短,同等对待、同等实施,才能使高职思政课校外实践教学覆盖全体高职学生,最终实现全员参与、全员受益。

五、实施高职思政课校外课题、项目制实践教学

高职思政课校外课题、项目制实践教学是指每年在校级、委局级、省部级、国家级课题中专门单列与思政课实践教学有关的专项课题、项目(以下简称课题),供教师申报,经评审批准后,由教师在该课题

之下设立若干子课题，每一个子课题由其所教班级的高职学生按其家乡居住地的位置相同或者距离较近为原则自愿组成6—10人的学习小组来承担，子课题的主持人为该学习小组的组长，承担子课题的高职学生学习小组在教师的安排、指导下，在寒暑假回到各自家乡广泛接触社会，并在收集资料、考察调研、访谈座谈和亲身实践的基础上撰写研究报告，提交任课教师评阅，并由学校对优秀的研究报告进行表彰奖励的一种高职思政课校外实践教学形式。

实施高职思政课校外课题制实践教学的作用有三点：一是高职学生有充足的时间参与高职思政课校外实践教学活动，且其可用的实践教学资源丰富，更为重要的是真正实现了高职学生人人参与；二是高职学生学习小组在子课题任务的驱动下，在教师的指导、引导下，将自己所学的思政课理论知识运用到实践中，分工合作，不断地发现问题、分析问题、解决问题，最终形成完整的研究报告，从而真正实现了高职学生人人受益；三是高职学生学习小组在完成子课题任务的过程中，不仅培养了其团队合作意识和精神，而且也提升了其运用高职思政课理论知识分析和解决问题能力和创新能力。在实施高职思政课校外课题制实践教学时应注意五点：一是各级各类课题中与思政课实践教学有关的专项课题指南应根据思政课教材的内容并结合社会热点问题编制；二是高职学生在放寒暑假之前要完成学习小组的组建，填表登记姓名、所在班级、居住地详细地址、联系方式、工作任务分工情况等内容，并签署子课题实践研究过程和实践研究成果由本人亲自完成的诚信承诺书交给教师存档；三是教师要在高职学生放寒暑假之前向其讲清楚其所承担的子课题的研究背景、研究依据、研究目的、研究内容、研究重点和难点、研究过程及该子课题在整个课题中的位置、作用和意义，并提出明确的路线图、时间表和具体要求；四是高职学生学习小组应建立QQ群或者微信群，邀请教师加入，以便教师与学生、学生与学生通过互联网和现代信息通信技术开展网上互动交流；五是建立严格的考评制度和奖惩制度，对高职学生学习小组成员在子课题完成过程中的表现进行严格的考核评价，并将其考评成绩纳入高职学生思政课课程总成绩之中。

六、健全高职思政课校外实践教学考核评价机制

高职思政课校外实践教学考核评价机制是指由高职学生本人、同学、教师对其在高职思政课校外实践教学中的具体表现、实践成果、创新精神等进行考核评价，并将其考评成绩按一定比例计入其思政课课程总成绩之中的一种机制。

健全高职思政课校外实践教学考核评价机制应注意五点：一是该考评机制必须有利于调动高职学生参与思政课校外实践教学活动的积极性、主动性和创造性；二是考评的主体是高职学生本人、同学、教师，其中，高职学生本人是重要的考评主体之一，这样做有利于高职学生本人充分认识自己和同学的优缺点，不断地在实践中完善自己，逐步养成良好的品行和习惯；三是考评的期间要覆盖高职思政课校外实践教学活动的全过程，既要将高职学生放在学习小组中，将其表现与学习小组其他成员的表现进行横向比较评价，又要高度关注一定时期高职学生本人的成长进步过程，将其开始时的表现与结束时的表现进行纵向比较评价，从而对高职学生形成符合实际的评价；四是考评的重点是考查高职学生运用马克思主义立场、观点、方法发现、分析、解决问题能力及创新能力的提升情况；五是将高职思政课校外实践教学考评成绩按一定比例计入高职学生思政课课程总成绩之中，并逐步提升该比例。

第六节　高职思政课校外实践教学的难点研究

一、大力提升高职思政课教师校外实践教学能力和水平

高职思政课教师校外实践教学能力是指在高职思政课校外实践教学中，教师组织、指导、引导高职学生在"做中学、学中做"，不断提升高职学生运用所学的高职思政课理论知识分析、解决实际问题能力，最终实现高职思政课校外实践教学目标的一种能力。

目前，高职思政课教师校外实践教学能力不尽如人意，其具体表现有四点：一是高职思政课教师大多从研究生毕业后直接到高职上班，中间没有社会实践经历，没有经过社会实践锤炼，其自身社会实践能力较差；二是部分高职思政课教师在高职上班后又缺乏校外实践教学方面的培训、交流、训练、竞赛，其校外实践教学能力提升缓慢；三是高职院校扩招后，由于高职学生人数增长较快但高职思政课教师人数却增长较慢，造成高职思政课教师理论教学工作量加大，致使其在客观上无暇顾及科研工作和社会实践，导致其校外实践教学能力仍在原地踏步；四是在高职思政课校外实践教学方面因考评机制、激励机制和奖惩制度不健全，致使部分高职思政课教师对提升自己校外实践教学能力缺乏积极性、主动性和热情，导致其校外实践教学能力停滞不前。为了迅速改变此种状况，必须采取措施大力提升高职思政课教师校外实践教学能力和水平，其具体的举措有五点：一是在高职思政课校外实践教学方面，建立一整套科学有效的考评机制、激励机制和奖惩制度，明确规定高职思政课教师的社会实践锻炼经历是其职务职称晋升的必备条件，高职思政课教师的校外实践教学成果是其职务职称晋升的优先条件等，从而充分调动高职思政课教师在提升自己校外实践教学能力方面的积极性、主动性和热情；二是高职思政课教师通过在寒暑假深入城镇社区、企业、农村等开展社会实践、调查、研修或者承担课题研究任务或者到政府、企业、社区、农村等挂职锻炼或者到国外考察、进修等来提升自己的校外实践教学能力；三是高职思政课教师通过参加高职思政课校外实践教学方面的培训、交流、训练、竞赛等来提升自己的校外实践教学能力；四是高职思政课教师要在高职思政课校外实践教学中不断总结经验，并在教学理念、教学内容、教学方法和教学手段等方面与时俱进，从而在教学实践中不断提升自己的高职思政课校外实践教学能力；五是学校和社会要为高职思政课教师参与社会实践活动搭建舞台并提供内外畅通的渠道，只有渠道通畅了，才能使高职思政课教师在快乐地参与社会实践的过程中不断提升自己的校外实践教学能力。

二、充分发挥高职学生在高职思政课校外实践教学中的主体作用

高职思政课校外实践教学过程实际上就是高职学生在教师的指导、引导下将自己所学的高职思政课理论知识运用到实践中分析和解决实际问题的过程，在这个过程中，教师是主导者、组织者、指导者和幕后的导演，高职学生是主体、舞台上的主角和校外实践教学任务的实际完成者。因此，高职思政课校外实践教学任务能否完成以及完成的质量高不高关键在高职学生，为此，必须充分发挥高职学生在高职思政课校外实践教学中的主体作用，以便高质量地完成高职思政课校外实践教学任务，从而实现高职思政课校外实践教学目标。

目前，高职学生在高职思政课校外实践教学中的主体作用发挥不尽如人意，其具体表现有三点：一是在准备阶段，教师在设计高职思政课校外实践教学活动主题时没有广泛听取高职学生的意见和建议，致使教师确定的活动主题因脱离高职学生的实际生活及其关注的热点问题而使高职学生产生陌生感，由此不仅无法激发起高职学生的学习热情和兴趣，而且即使高职学生想发挥主体作用也因其对活动主题不熟悉而无法发挥其主体作用。二是在实施阶段，一方面，有部分教师对高职学生不放心、不信任，导致其不敢让高职学生发挥主体作用而出现包办代替的情况，即高职学生完全按教师的要求重复教师的所有动作即可完成高职思政课校外实践教学任务，从而不需要高职学生发挥主体作用；另一方面，有部分教师对高职学生太放心、太信任，导致其对高职学生在高职思政课校外实践教学活动中的行为和表现不管不问、放任自流，在此种情况下，高职学生因缺乏教师的指导和引导而不知该怎样发挥其主体作用。三是在总结阶段，一方面，有部分教师为了自己的荣誉和面子，提前为高职学生设计出了实践成果的标准格式，高职学生只需将空格填写完毕即大功告成，由此导致高职学生没有发挥主体作用的余地，甚至有的比较优秀的高职学生感觉自己英雄无用武之地；另一方面，有部分教师因各种原因对高职学生的实践成果放任自流、不管不问，致使高职学生不知该如何形成实践成果，

最后只好借助互联网东拼西凑，敷衍了事。为了迅速改变此种状况，必须采取措施充分发挥高职学生在高职思政课校外实践教学中的主体作用，其具体的举措有三点：一是在准备阶段，教师在设计高职思政课校外实践教学活动主题时应广泛听取高职学生的意见和建议，从而使教师确定的活动主题因贴近高职学生的实际生活及其关注的热点问题而使高职学生有熟悉感、亲切感，由此不仅可以大大激发起高职学生的学习热情和兴趣，而且由于高职学生对活动主题有熟悉感、亲切感而有利于发挥其主体作用。二是在实施阶段，教师对高职学生要进行指导、引导和帮助而不能包办代替和放任自流，高职学生要在教师的指导、引导、帮助、监督下，充分发挥自己的主体作用，将自己所学的高职思政课理论知识运用到实践中独立自主地分析、解决现实问题，从而完成实践教学任务，实现实践教学目标。三是在总结阶段，一方面，教师要对高职学生的实践成果提出明确的要求和考评标准而不能包办代替或不管不问，高职学生要根据教师的要求和考评标准，充分发挥自己的主体作用，独立撰写实践报告和实践成果，从而完成实践教学任务，实现实践教学目标；另一方面，学校要制定严格的高职思政课校外实践教学考评机制和奖惩制度，明确规定高职学生在高职思政课校外实践教学活动中的责、权、利，对高职学生的优秀实践成果给予表彰奖励，对不合格的实践成果要求其重做。

第七节　开展高职思政课校外实践教学应注意的几个问题

一、要正确处理好高职思政课校外实践教学中的"全员参与"与"全员受益"的关系问题

在高职思政课校外实践教学中，"全员参与"是指高职思政课校外实践教学要覆盖全体学生；"全员受益"是指高职思政课校外实践教学不仅要覆盖全体高职学生，而且要使学生人人有获得感。"全员参与"

与"全员受益"的相同点是二者都涉及全体高职学生，一个也不能少。二者的不同点有三点：一是"全员参与"是前提和手段，"全员受益"是结果和目的；二是"全员参与"的关键在学校和教师，"全员受益"的关键在于充分发挥高职学生在高职思政课校外实践教学中的主体作用；三是"全员参与"有时间和空间限制，"全员受益"没有时间和空间限制，应是使高职学生终身受益。由此可见，在高职思政课校外实践教学活动中，我们既要重视"全员参与"，更要重视"全员受益"，二者不可偏废。

二、要正确处理好高职思政课校外实践教学中的"集中实践教学"与"分散实践教学"的关系问题

在高职思政课校外实践教学中，"集中实践教学"与"分散实践教学"二者既有相同点，又有不同点。其中，二者的相同点是二者都是高职思政课校外实践教学的一种形式。二者的不同点有三点：一是"集中实践教学"一般以教学班级为单位集中进行，"分散实践教学"一般以高职学生学习小组为单位分散进行；二是"集中实践教学"一般在高职学生在校学习期间利用平时上课时间、周六、周日和其他节假日等进行，"分散实践教学"一般在高职学生放假后利用寒暑假进行；三是"集中实践教学"一般在学校周边的高职思政课校外实践教学专门基地和单项基地进行，"分散实践教学"一般在高职学生各自的家乡进行。由此可见，在高职思政课校外实践教学活动中，我们既要重视"集中实践教学"，又要重视"分散实践教学"，二者不可偏废。

三、要正确处理好高职思政课校外实践教学中的过程评价与结果评价的关系问题

在高职思政课校外实践教学活动中，结果评价可分为对高职学生的结果评价和对教师的结果评价。其中，对高职学生的结果评价是指由高职学生本人、同学和教师对高职学生在高职思政课校外实践教学活动中的实践报告和实践成果进行客观公正的评价，对教师的结果评价是指由教师本人、同行和高职学生对教师在高职思政课校外实践教

学活动中的实践成果和总结报告进行客观公正的评价。结果评价侧重于对高职学生和教师进行横向评价，具体来说，结果评价就是将高职学生或者教师在高职思政课校外实践教学活动中的实践成果和报告分别与其他高职学生或者教师的实践成果与报告进行客观公正的横向比较，从而分别确定高职学生、教师的成绩和排名，以此作为学校奖惩的依据。结果评价因其简便易行而深受师生青睐。过程评价也可分为对高职学生的过程评价和对教师的过程评价。其中，对高职学生的过程评价是指由高职学生本人、同学和教师对高职学生在高职思政课校外实践教学活动全过程的表现进行客观公正的评价，对教师的过程评价是指由教师本人、同行和高职学生对教师在高职思政课校外实践教学活动全过程的表现进行客观公正的评价。过程评价侧重于对高职学生和教师进行纵向评价，具体来说，过程评价就是将高职学生或者教师在高职思政课校外实践教学活动开始时的表现、期中的表现、结束时的表现进行客观公正的纵向比较，从而有利于促进高职学生和教师不断成长进步，不断发现并克服自己的缺点和不足，不断自我完善，并逐步养成其良好的品行和习惯。由此可见，在高职思政课校外实践教学活动中，我们既要重视结果评价，更要重视过程评价，二者不可偏废。

第七章　高职思政课网络虚拟实践教学研究

第一节　高职思政课网络虚拟实践教学的概念与特征

一、高职思政课网络虚拟实践教学的概念

高职思政课网络虚拟实践教学是指在网络虚拟空间，高职学生在高职思政课教师的指导、引导下，根据高职思政课实践教学的目标和任务，通过网上观看与体验、网上调研、网络虚拟建构、"网事"研究、网络游戏闯关等实践活动，验证理论、提升品行修养、锻造动手能力和创新能力，并完成教师布置的高职思政课实践教学任务的教学活动。

二、高职思政课网络虚拟实践教学的特征

（一）高职思政课网络虚拟实践教学属于教学活动

从本质上说，高职思政课网络虚拟实践教学是指在网络虚拟空间，高职学生在高职思政课教师的指导、引导下，通过网上观看与体验、网上调研、网络虚拟建构、"网事"研究、网络游戏闯关等实践活动，完成教师布置的高职思政课实践教学任务的一种活动。该活动既有高职思政课教师教的内容，也有高职学生学的内容，因而，该活动属于教学活动。在此需要强调指出的是：1. 该教学活动是在网络世界、虚拟空间进行的，而高职思政课课堂实践教学、校内实践教学和校外实践教学（以下简称高职思政课传统实践教学）则是在现实世界、特定的物理空间进行的；2. 该教学活动，除了要有电脑、智能手机、网络

等基础条件外,必须运用现代信息通信技术、计算机技术、网络技术、虚拟技术等方能进行,因此,该教学活动对现代信息通信、网络虚拟等技术的依赖性大,离开了这些技术,则该教学活动将无法进行,而高职思政课传统实践教学虽然也需要运用现代信息通信、网络虚拟等技术,但对这些技术的依赖性较小,即使离开了这些技术,上述高职思政课传统实践教学活动仍然可以进行;3. 该教学活动不受时间和空间的限制,可以随时随地进行,而高职思政课传统实践教学活动则受时间和空间的限制,不能随时随地进行。

(二)高职思政课网络虚拟实践教学是实践教学的一种形式

如前所述,按教学场地来划分,高职思政课实践教学可分为课堂实践教学、校内实践教学、校外实践教学和网络虚拟实践教学等四种形式的实践教学。因此,高职思政课网络虚拟实践教学是实践教学的一种形式。在此需要强调指出的是:1. 在高职思政课网络虚拟实践教学中,高职学生和教师进入的是虚拟空间,感知的是虚拟的时空和物品,但在高职思政课传统实践教学活动中,高职学生和教师进入的是现实空间,感知的是现实客观存在的时空和物品;2. 高职思政课网络虚拟实践教学活动成本较低,因其在网上进行,故只需使用学校现成的网络资源和高职学生手中的智能手机便可开展,由此可以节约上述传统实践教学必须支出的人力成本、交通成本、安全成本等,相比之下,高职思政课传统实践教学活动的成本却很高,不仅要支出必要的交通成本、人力成本,而且还有极大的安全风险;3. 相比高职思政课传统实践教学活动,高职思政课网络虚拟实践教学活动对高职学生和教师在个人综合素质和能力方面提出了更高要求,要求高职学生和教师不仅要有熟练运用现代信息通信技术、计算机技术、网络技术、虚拟技术等新技术的能力,而且要求高职学生和教师要有对网络不良信息的辨识过滤能力和发现、分析、处理网络问题的能力。

(三)高职思政课网络虚拟实践教学属于广义实践教学活动

由于高职思政课网络虚拟实践教学是在网络世界、虚拟空间开展的一种实践教学活动,因此,如前所述,高职思政课网络虚拟实践教学活动属于广义实践教学活动。在此需要强调指出的是:1. 高职思政课网络虚拟实践教学是互联网时代高职思政课传统实践教学与现代信息通信技术和网络技术相结合的产物,是对上述传统实践教学活动的改造、拓展和提升。一方面,高职思政课网络虚拟实践教学是在上述高职思政课传统实践教学的基础上发展起来的,其与上述高职思政课传统实践教学在本质上是一样的,具有同质性,都是为了提升高职学生将其所学的思政课理论知识运用到实践中发现、分析和解决问题能力、帮助其养成良好品行和习惯等而开展的教学活动;另一方面,高职思政课网络虚拟实践教学又极大地拓展了高职思政课实践教学的领域和形式,并使其跃升到了一个网下现实实践与网上虚拟实践交相辉映的新阶段。2. 高职思政课网络虚拟实践教学活动具有虚拟性,其通过现代信息通信、网络虚拟等新技术,可为师生创设高职思政课实践教学所需的情景、人物、场景等,在这些虚拟的情景中,师生可以超越历史、再现现实,甚至可以将现实中不可能发生的事件变为虚拟情景中已发生的事件。尽管上述情景是创设的、虚拟的,但师生身临其境的感受和体验却是实实在在的,从这个意义上说,其创新了思政课实践教学形式。3. 与上述传统实践教学相比,高职思政课网络虚拟实践教学极大地提升了教师与学生、学生与学生的交互性,教师与学生、学生与学生可以通过现代信息通信技术和移动智能手机终端实现即时无障碍的交流、沟通、互动,并且面对互联网,师生再没有主次之分,是完全平等的交流,所有这些均有利于极大地提升交互的频率。从这个意义上说,其必将大大提升高职思政课实践教学的实效性。4. 高职思政课网络虚拟实践教学活动具有创新性。从其教学内容来说,其可进行网上阅读、网上参观、网上体验;从其教学形式来说,其可进行网上调查、网上直播、网上互动等,所有这些均体现了较强的时代特征和教育技术的发展水平。从这个意义上说,高职思政课网络虚拟实践教学显然是对传统实践教学的创新,具有创新性。

第二节 高职思政课网络虚拟实践教学的必要性与可能性研究

一、开展高职思政课网络虚拟实践教学的必要性

（一）开展高职思政课网络虚拟实践教学是贯彻落实中宣部和教育部相关文件精神的需要

2015年7月27日，中央宣传部、教育部以教社科〔2015〕2号文件印发的《普通高校思想政治理论课建设体系创新计划》明确规定："整合资源强化实践教学。制定印发《高校思想政治理论课实践教学大纲》，进一步规范实践教学。"2018年4月12日，教育部以教社科〔2018〕2号文件印发的《新时代高校思想政治理论课教学工作基本要求》进一步规定："拓展实践教学形式，注重实践教学效果。"由此可见，开展高职思政课网络虚拟实践教学是贯彻落实中宣部和教育部相关文件精神的需要。

（二）开展高职思政课网络虚拟实践教学是互联网时代拓展实践教学领域的需要

目前，随着现代信息通信与网络等技术的发展，特别是随着虚拟技术的飞速发展，网络世界、虚拟空间等已一一呈现在人们的面前，并已成为人们生活的一部分，深刻影响着人们的思想和行为。面对这些新技术和新事物，高职思政课实践教学有必要进行改革创新以适应形势发展的需要。具体来说，一方面，高职思政课传统实践教学是在现实时空中进行的，随着网络世界、虚拟空间等的横空出世，必须对高职思政课传统实践教学模式进行改革创新，实施高职思政课网络虚拟实践教学，将高职思政课实践教学活动空间由现实空间拓展到虚拟空间，以适应互联网时代形势发展的需要；另一方面，对于高职学生来说，网络生活早已成为其日常生活的一部分，为了对其网络生活进行指导、引导，也有必要开展高职思政课网络虚拟实践教学，以提升

高职学生运用其所学的高职思政课理论知识发现、分析和解决网络虚拟问题的能力，并逐步养成其良好的品行和习惯。

（三）开展高职思政课网络虚拟实践教学是弥补高职思政课传统实践教学不足并使其完善的需要

目前，高职思政课传统实践教学仍然存在着成本较高、受时间和空间限制、实践教学资源不丰富等问题，而开展高职思政课网络虚拟实践教学则正好可以弥补传统实践教学的上述不足，其具体表现是：1. 高职思政课网络虚拟实践教学可以通过网络虚拟技术，将现实中的场景、实物等搬到网络虚拟空间，从而使传统实践教学模式下高职学生需到现场才能参观的情况发生了改变，变为了高职思政课网络虚拟实践教学中的网上参观，由此可以节省大量的人力成本、交通费用和安全成本等，从而解决高职思政课传统实践教学成本较高的问题。2. 高职思政课网络虚拟实践教学在网络虚拟时空中进行，因此，只要高职学生和教师身边有一部智能手机或者平板电脑且有网络能上网，就可随时随地开展思政课网络虚拟实践教学，不受时间、地点限制，由此可解决高职思政课传统实践教学受时间和地点限制的问题。3. 一方面，由于网络是开放的，因此，当高职思政课网络虚拟实践教学在网络虚拟时空中进行时，其接收的信息来自五湖四海，这些信息不仅是海量的，而且更新速度也快得惊人，由此导致其拥有的实践教学资源显然要比相对封闭的高职思政课传统实践教学拥有的资源要多很多；另一方面，在高职思政课网络虚拟实践教学中，尽管虚拟空间、虚拟生活来源于现实空间、现实生活，但虚拟生活显然是对现实生活的超越，人们在网络世界、虚拟空间不仅可以再现现实生活，而且可以虚拟环境、虚拟生活，变现实空间不可能发生的情景为网络空间的虚拟现实情景，由此不仅拓展了实践教学的空间，而且也极大地丰富了实践教学资源，故开展高职思政课网络虚拟实践教学可解决高职思政课传统实践教学资源不丰富的问题。综上所述，开展高职思政课网络虚拟实践教学是弥补高职思政课传统实践教学不足并使其完善的需要。

（四）开展高职思政课网络虚拟实践教学是养成高职学生良好品行和习惯的需要

随着现代信息通信网络技术的迅猛发展，互联网对人们的影响越来越大，正在日益深刻地改变着人们的思维、交往、行为、学习、工作、生活等方式。现在的高职学生生活在互联网时代，网络生活早已成为其生活的一部分，而开展高职思政课网络虚拟实践教学，不仅可以指导、引导高职学生的网络生活，而且可以逐步养成高职学生良好品行和习惯，其具体表现有三点：一是开展高职思政课网络虚拟实践教学有利于帮助高职学生树立正确的网络价值观，现在的高职学生在网络生活中长大，其网络价值观大多处于自发、感性层面，通过开展高职思政课网络虚拟实践教学，在教师的指导、引导下，可以使高职学生认识到网络生活虽然具有虚拟性，但其并非私人空间和私人行为，而是具有一定的社会性，需要承担一定的社会责任，从而帮助高职学生树立正确的网络价值观；二是开展高职思政课网络虚拟实践教学有利于帮助高职学生成为合格乃至优秀网民，网络空间是一个开放的虚拟空间，在这个空间里既有好的信息和行为，也有不好的信息和行为，正如现实生活一样，网络生活也有真善美、假恶丑，通过开展高职思政课网络虚拟实践教学，在教师的指导、引导下，可以使高职学生在运用思政课理论知识分析和解决网络虚拟问题的过程中学会辨别真假美丑，分清是非曲直和善恶，理性看待网络空间的开放性和虚拟性，正确处理网络生活中的人际关系，从而帮助高职学生成为合格乃至优秀网民；三是开展高职思政课网络虚拟实践教学有利于养成高职学生良好网络品行和习惯，网络世界虽然是虚拟的，但网络自由也是有边界的，一旦突破网络自由的边界，就会侵害其他网民的合法权益，通过开展高职思政课网络虚拟实践教学，在教师的指导、引导下，可以使高职学生认识到网络空间虽然是虚拟的，但其并非法外之地，也要受到网络道德和网络法律的调整和规范，从而帮助高职学生逐步养成良好的网络品行和习惯。综上所述，开展高职思政课网络虚拟实践教学是养成高职学生良好品行和习惯的需要。

（五）开展高职思政课网络虚拟实践教学是充分发挥高职学生主体作用、提升其能力的需要

一方面，开展高职思政课网络虚拟实践教学是充分发挥高职学生主体作用的需要，其具体表现有三点：一是在高职思政课网络虚拟实践教学的准备阶段，在首次开展高职思政课网络虚拟实践教学之前，高职学生必须先在网上以事先选定的用户名和密码进行实名注册，注册成功后，在以后每次开展高职思政课网络虚拟实践教学之前，高职学生必须先以其已注册的用户名和密码进行网上登录，在登录成功后才能开始高职思政课网络虚拟实践教学活动；二是在高职思政课网络虚拟实践教学的实施阶段，高职学生在网上登录成功之后正式进入高职思政课网络虚拟实践教学系统，在教师的指导、引导下，高职学生根据教师布置的思政课网络虚拟实践教学任务，结合自己的兴趣、特长、爱好，自主选择网络虚拟实践教学主题和形式，并进入网络空间，身临其境，将自己所学的高职思政课理论知识运用到网络虚拟实践中，不断地发现、分析、解决虚拟问题，撰写网络虚拟实践报告，从而完成教师布置的高职思政课网络虚拟实践教学任务；三是在高职思政课网络虚拟实践教学的展示总结阶段，高职学生在完成网络虚拟实践教学任务后，要在网上向教师和同学展示自己的网络虚拟实践成果，展示期结束后，再由高职学生本人、同学、教师对其在网络虚拟实践过程中的表现及其网络虚拟实践成果进行评价赋分。由此可见，从高职思政课网络虚拟实践教学的准备阶段到实施阶段再到展示总结阶段，每一步操作都必须由高职学生本人在网上自主完成，不会出现教师包办代替和滥竽充数的情况，因此，从这个意义上说，开展高职思政课网络虚拟实践教学不仅有利于高职学生主体作用的发挥，而且也是充分发挥高职学生主体作用的需要。另一方面，开展高职思政课网络虚拟实践教学是提升高职学生能力的需要，其具体表现有三点：一是高职思政课网络虚拟实践教学是在网络虚拟空间进行的，因此，开展高职思政课网络虚拟实践教学有利于促进高职学生认真学习、掌握计算机技术、信息通信技术、网络技术和虚拟技术等新技术并不断提升其运用这些新技术的能力；二是如前所述，高职思政课网络虚拟实践教

学活动实质上就是高职学生在教师的指导、引导下运用自己所学的高职思政课理论知识分析和解决虚拟问题的一种活动，因此，开展高职思政课网络虚拟实践教学有利于提升高职学生运用所学理论分析和解决虚拟问题的能力；三是虚拟实践可以将现实世界的种种不可能变成虚拟现实，这就为高职学生发挥其创造力提供了可能的空间，因此，开展高职思政课网络虚拟实践教学有利于提升高职学生的创新能力。综上所述，开展高职思政课网络虚拟实践教学是充分发挥高职学生主体作用、提升其能力的需要。

二、开展高职思政课网络虚拟实践教学的可能性

（一）现代计算机信息通信和网络虚拟等新技术的飞速发展为开展高职思政课网络虚拟实践教学打下了坚实的技术基础

从实质上说，高职思政课网络虚拟实践教学就是指在网络虚拟空间开展的高职思政课实践教学，而网络虚拟空间则是由成熟的计算机、信息、通信、网络、虚拟等新技术构建的，因此，高职思政课网络虚拟实践教学离不开成熟的计算机、信息、通信、网络、虚拟等新技术，从这个意义上说，现代计算机信息通信和网络虚拟等新技术的飞速发展不仅成就了网络虚拟空间，而且也为开展高职思政课网络虚拟实践教学打下了坚实的技术基础。

（二）开展高职思政课网络虚拟实践教学所需的硬件条件和软件条件具备

开展高职思政课网络虚拟实践教学所需的硬件条件主要是指服务器、网络、电脑和平板电脑、智能手机等；开展高职思政课网络虚拟实践教学所需的软件条件主要是指高职思政课网络虚拟实践教学网站、高职思政课网络虚拟实践教学平台等。其中，高职思政课网络虚拟实践教学网站主要包括高职思政课网络虚拟实践教学信息管理系统、高职思政课网络虚拟实践教学资源库、高职思政课网络虚拟实践教学考试系统、高职思政课网络虚拟实践教学考核评价系统等；高职思政课网络虚拟实践教学平台主要包括虚拟仿真实践平台、师生与生生交互平台、高职学生实践成果展示平台、网络直播平台、微信公众

平台等。一般来说，具备上述硬件和软件条件便可开展高职思政课网络虚拟实践教学。目前我国高职院校一般都具备上述硬件和软件条件。

（三）互联网的高速发展为高职思政课网络虚拟实践教学带来了取之不尽、用之不竭的信息资源

互联网的高速发展已使网络世界包罗万象，甚至可以毫不夸张地说其拥有的信息资源不仅取之不尽，而且用之不竭，既有实物、场景、文字、图片，也有人物、事件、声音、视频、动画、漫画等。高职学生只要使用随身携带的一部智能手机，通过互联网便可随时随地浏览网络世界、虚拟空间，阅知天下人和事，正是从这个意义来说，互联网的高速发展为高职思政课网络虚拟实践教学带来了取之不尽、用之不竭的信息资源，彻底改变了高职思政课传统实践教学资源不足的状况。

（四）高职思政课传统实践教学和高职专业课虚拟实践教学的实施为开展高职思政课网络虚拟实践教学积累了丰富的实践经验，并提供了参考模式

一方面，高职思政课网络虚拟实践教学是高职思政课传统实践教学与计算机网络虚拟等新技术结合的产物，是对高职思政课传统实践教学的延伸和拓展，而高职思政课传统实践教学则是高职思政课网络虚拟实践教学的基础和源头，目前大部分高职院校均不同程度地实施了思政课传统实践教学，并在实施的过程中对高职思政课实践教学的目的、依据、内容、方式方法、手段、考核评价等进行了深入的研究和探索，撰写了大量高质量的论文，所有这些均为高职开展思政课网络虚拟实践教学积累了宝贵的经验；另一方面，许多高职院校依托计算机技术、网络技术和虚拟技术等新技术实施了专业课网络虚拟实践教学，这不仅为其开展思政课网络虚拟实践教学提供了上述新技术在网络虚拟实践教学中的应用方面的宝贵经验，也为高职思政课网络虚拟实践教学提供了可以参考借鉴的教学模式。

（五）高职思政课网络虚拟实践教学因高度契合高职学生的爱好而深受高职学生喜爱

现在的高职学生从出生至今一直生活在互联网时代，网络生活早

已成为其日常生活的一部分，他们对网络购物、网络阅览、网络聊天、网络游戏等情有独钟、乐此不疲，而高职思政课网络虚拟实践教学从形式来看有网络阅览参观体验、师生与生生网上互动、网络教学游戏、网事研究等，这些高职思政课网络虚拟实践教学形式与高职学生日常网络生活中的网络购物、网络阅览、网络聊天、网络游戏等相同或相似，只是内容完全不同而已，正是从这个意义来说，高职思政课网络虚拟实践教学因高度契合高职学生的爱好而深受高职学生喜爱。

第三节　高职思政课网络虚拟实践教学的现状及存在的问题

一、对高职思政课网络虚拟实践教学的重要性认识不到位

目前，部分高职和教师对高职思政课网络虚拟实践教学的重要性认识不足，其具体表现有三点：一是部分高职和教师认为高职思政课实践教学课时较少，通过开展高职思政课传统实践教学就足以完成教学任务，没有必要费时费力费钱开展高职思政课网络虚拟实践教学；二是部分高职和教师认为目前开展高职思政课网络虚拟实践教学所需的人力、物力、财力和技术等都有不同程度的欠缺，开展高职思政课网络虚拟实践教学的条件尚不成熟，因此，即使要开展高职思政课网络虚拟实践教学，也要等条件成熟后再开展；三是部分高职和教师认为高职思政课网络虚拟实践教学是在网络世界、虚拟空间进行的，具有虚拟性，其与在现实世界所开展的高职思政课实践教学相比，在真实性、现场震撼性和感染力等方面有一定的距离，由此导致其实效性比在现实世界开展的高职思政课实践教学要差一些，因此，没有必要开展高职思政课网络虚拟实践教学。随着现代信息通信网络虚拟技术的飞速发展，高职思政课实践教学必须与时俱进，广大高职和教师必须进一步更新观念，提高对高职思政课网络虚拟实践教学的认识，不断运用现代网络虚拟等新技术开创高职思政课网络虚拟实践教学的新

局面。

二、绝大部分高职思政课教师的网络虚拟实践教学能力有待提高

目前，绝大部分高职思政课教师的网络虚拟实践教学能力均有待进一步提高，其具体表现有三点：一是高职思政课教师大多是哲学、法律、历史等文科专业毕业的，其在计算机技术、信息通信技术、网络虚拟技术等方面的知识储备可以说是先天不足；二是由于目前部分高职没有按规定配齐思政课教师人数，致使其思政课教师每周基本上是满负荷工作，有的甚至是超负荷工作，由此导致其思政课教师没有充足的时间参加培训，因而也就在客观上造成其思政课教师无法通过培训来提高自己的网络虚拟实践教学能力；三是部分高职思政课教师由于自己没有开展思政课网络虚拟实践教学的知识储备和能力，导致其不敢甚至害怕开展高职思政课网络虚拟实践教学，从而致使其无法通过自己的亲身实践来提高自己的高职思政课网络虚拟实践教学能力。综上所述，目前部分高职思政课教师网络虚拟实践教学能力和水平已无法满足高职思政课网络虚拟实践教学的需要，因此，有必要采取强有力的措施大力提升高职思政课教师网络虚拟实践教学的能力和水平。

三、部分高职思政课网络虚拟实践教学的硬件与软件条件有待进一步完善

目前，虽然大多数高职开展思政课网络虚拟实践教学的硬件与软件条件均已基本具备，但高职思政课网络虚拟实践教学在硬件与软件条件方面仍有许多不完善的情况。

（一）高职思政课网络虚拟实践教学在硬件方面不完善的情况主要有四点：一是互联网、校园网的覆盖范围和网络信号强度均有待提高；二是高职思政课网络虚拟实践教学平台的操作流程过于复杂、繁琐，致使部分高职学生只有在非用不可的情况下才使用，严重影响了高职思政课网络虚拟实践教学作用的发挥；三是高职思政课网络虚拟

实践教学平台的教师与学生互动功能和学生与学生互动功能开发不足，不利于高职学生在思政课网络虚拟实践教学中的主体作用的发挥；四是部分高职院校缺乏一支各有所长、结构合理、相互合作的从事思政课网络虚拟实践教学的教师团队，严重制约了高职思政课网络虚拟实践教学的顺利开展。

（二）高职思政课网络虚拟实践教学在软件方面不完善的情况主要有四点：一是高职思政课网络虚拟实践教学资源库中的资源不丰富，以文字资料为主，音视频资料较少且年代比较久远，难以激发起高职学生上网观看的热情；二是高职思政课网络虚拟实践教学网站的内容更新速度较慢，高职学生点击率、访问率偏低；三是在高职思政课网络虚拟实践教学平台上，教师是常客，高职学生是稀客，经常可见教师通过该平台向高职学生发布作业、通知等，但积极回应的高职学生却寥寥无几，通过该平台与教师和同学研讨问题的高职学生更是凤毛麟角；四是缺乏一整套有关高职思政课网络虚拟实践教学的管理及考核评价的制度与办法，不利于充分调动教师和高职学生参与高职思政课网络虚拟实践教学的积极性和主动性。

综上所述，高职思政课网络虚拟实践教学的硬件与软件条件有待进一步完善。

四、部分高职思政课网络虚拟实践教学亟待规范

目前，部分高职在思政课网络虚拟实践教学中均出现了一些亟待规范的情况，其具体表现有四点：一是缺乏一部统一的高职思政课网络虚拟实践教学的教学大纲和授课计划，教学目标不明确；二是由于部分高职校园网没有实行实名登录制，因此，在其思政课网络虚拟实践教学中，高职思政课教师对高职学生何时上网登录、登录的截止时间及其在网上开展思政课网络虚拟实践教学活动的情况等无法了解和掌控；三是由于高职思政课网络虚拟实践教学不受时空限制，可以随时随地开展，再加上高职学生开展思政课网络虚拟实践教学活动具有隐匿性，因而在没有统一的考核评价标准的情况下，高职思政课教师难以对高职学生在思政课网络虚拟实践教学中的表现和努力程度进行科学准确的评价，严重影响了高职学生参与思政课网络虚拟实践教学的积极性、主动性和创造性；四是由于对高职学生提交的思政课网络虚拟实践教学成果作品没有网上查重的要求，部分高职学生在提交思政课网络虚拟实践教学成果作品环节容易出现抄袭等作弊情况，这显然不利于高职学生养成良好的品行和习惯。由此可见，高职思政课网络虚拟实践教学亟待规范。

五、高职思政课网络虚拟实践教学考核评价办法有待进一步完善

目前，部分高职虽然制定了思政课网络虚拟实践教学考核评价办法，但其内容过于简单、不完善，其具体表现有三点。一是评价主体单一，目前的评价主体仅局限于高职思政课教师，这显然不利于对高职学生在思政课网络虚拟实践教学活动中的表现及其网络虚拟实践成果作品进行客观、科学的考评。其理由是：一方面，从纵向评价来说，通过高职学生本人的自评可以让高职学生将现在的自己与以前的本人进行纵向比较，从而发现、了解自己的优点、进步、不足及今后努力的方向，因此，从这个意义上说，高职学生本人是最好的评价主体之一；另一方面，从横向评价来说，与高职学生同在一个学习小组、一个宿舍、一个班级的同学天天与其在一起学习、生活，对其在高职思政课网络虚拟实践教学中的表现和努力程度了如指掌，因此，从这个意义上说，高职学生的同学也是最好的评价主体之一，由此可见，评价主体应包括高职学生本人、同学和高职思政课教师。二是评价的内容过于简单、不完善，目前的评价内容仅局限于对高职学生提交的网络虚拟实践成果作品进行考核评价，这显然不利于对高职学生在思政课网络虚拟实践教学活动中的表现及其努力程度进行客观、科学的考评，因此，从这个意义上说，评价的内容应包括高职学生在思政课网络虚拟实践教学活动中的表现及其努力程度、高职学生提交的网络虚拟实践成果作品等。三是高职思政课网络虚拟实践教学的考评成绩在高职学生思政课总成绩中所占的比例偏低，不利于调动高职学生参与思政课网络虚拟实践教学活动的主动性、积极性和创造性。综上所述，

高职思政课网络虚拟实践教学考核评价办法急需进一步完善。

第四节 开展高职思政课网络虚拟实践教学所应遵循的基本原则

一、"人人参与"与"人人受益"原则

"人人参与"原则是指每一名高职学生在高职思政课教师的指导、引导下，通过网上实名注册登录之后，根据教师发布的思政课网络虚拟实践教学任务，选择自己喜欢的网络虚拟实践教学方式，将自己所学的高职思政课理论知识运用到网络虚拟实践活动中，不断发现、分析、解决网络虚拟问题，验证书本上的理论知识，树立理论自信。"人人受益"原则是指每一名高职学生在高职思政课教师的指导、引导下，通过参与高职思政课网络虚拟实践教学活动，不断提升自己运用马克思主义立场、观点、方法分析和解决网络虚拟问题的能力和创新能力，并养成良好的品行和习惯。

实行"人人参与"与"人人受益"原则的理由有三点：一是实行"人人参与"与"人人受益"原则是培养中国特色社会主义事业的合格建设者和可靠接班人的需要，现在的高职学生的年龄大多在 20 岁左右，到 2050 年全面建成社会主义现代化强国时，其年龄刚过 50 岁，他们是中国特色社会主义事业的建设者、生力军和接班人，对他们实施思政课网络虚拟实践教学，并实行"人人参与"与"人人受益"原则，有利于将其培养成为中国特色社会主义事业的合格建设者和可靠接班人；二是实行"人人参与"与"人人受益"原则是高职学生人人成长成才的需要，如上所述，高职思政课网络虚拟实践教学有利于提升高职学生运用自己所学的思政课理论知识分析和解决网络虚拟问题的能力，并养成良好的品行和习惯，因此，对高职学生实施思政课网络虚拟实践教学，并实行"人人参与"与"人人受益"原则，显然有利于高职学生人人成长成才；三是实行"人人参与"与"人人受益"

原则是高职思政课教学的题中应有之义，众所周知，高职思政课是高职学生的必修课，也就是说，每一名高职学生必须认真修习思政课，经考试合格后，方能取得相应的学分，因此，对高职学生实施思政课网络虚拟实践教学，并实行"人人参与"与"人人受益"原则，显然是高职思政课教学的题中应有之义。

实行"人人参与"与"人人受益"原则应注意三点：一是人人参与是前提，也就是说，每一名高职学生均必须参与思政课网络虚拟实践教学，在此需要强调指出的是：高职思政课传统实践教学因人力、物力、财力、安全、时间、空间等因素的限制无法保证高职学生人人参与思政课实践教学，但高职思政课网络虚拟实践教学却因成本低且没有安全、时间、空间等因素的限制可以保证高职学生人人参与思政课网络虚拟实践教学活动；二是人人受益是目的，也就是说，高职学生人人参与高职思政课网络虚拟实践教学的目的是高职学生必须从中人人受益，在此需要强调指出的是：一方面，只有高职学生人人参与思政课网络虚拟实践教学，才有可能实现高职学生人人受益，否则，如果做不到高职学生人人参与，则高职学生人人受益将是一句空话，这就要求我们在高职思政课网络虚拟实践教学活动中，必须确保高职学生人人参与思政课网络虚拟实践教学活动；另一方面，即使高职学生人人参与了思政课网络虚拟实践教学活动，但如果其目的不明确、态度不端正、敷衍应付，则仍然无法实现高职学生人人受益，这就要求我们在高职思政课网络虚拟实践教学活动中，必须确保高职学生人人保质保量地完成教师布置的思政课网络虚拟实践教学任务；三是充分调动高职学生参与思政课网络虚拟实践教学活动的积极性、主动性是关键，在此需要强调指出的是：一方面，高职思政课教师要通过教育和宣讲，使高职学生明白参与思政课网络虚拟实践教学活动的重要意义和作用；另一方面，要通过制定高职思政课网络虚拟实践教学考核评价办法，明确规定高职学生在思政课网络虚拟实践教学中的责权利，从而激发高职学生参与思政课网络虚拟实践教学活动的积极性和主动性。

二、教师主导、学生主体与师生互动相结合原则

教师主导、学生主体与师生互动相结合原则是指在高职思政课网络虚拟实践教学过程中，教师与高职学生频繁互动，教师是网络虚拟实践活动的设计师、指导者、引导者和导演，高职学生是网络虚拟实践活动的主体和主角，高职学生在教师的指导、引导下，运用自己所学的高职思政课理论知识发现、分析、解决网络虚拟问题，最终完成教师布置的高职思政课网络虚拟实践教学任务，从而实现教学目标。

实行教师主导、学生主体与师生互动相结合原则的理由有三点。一是实行教师主导、学生主体与师生互动相结合原则是落实教育部有关文件精神的需要。2018年4月12日，教育部以教社科〔2018〕2号文件印发的《新时代高校思想政治理论课教学工作基本要求》明确规定："课堂教学方法创新要坚持以学生为主体，以教师为主导，加强生师互动，注重调动学生积极性主动性。"由于高职思政课网络虚拟实践教学与课堂教学一样，都属于高职思政课教学，因此，从教学方法创新这一点来说，上述规定也同样适用于高职思政课网络虚拟实践教学，由此可见，实行教师主导、学生主体与师生互动相结合原则是落实教育部有关文件精神的需要。二是实行教师主导、学生主体与师生互动相结合原则是遵循教育教学规律的必然结果。众所周知，二主律是教学规律之一，其是指在教学活动中，教师居于主导地位，学生是学习的主体，二者是辩证统一的关系，该项教学规律在高职思政课网络虚拟实践教学活动中的应用就是实行教师主导、学生主体与师生互动相结合原则，由此可见，实行教师主导、学生主体与师生互动相结合原则是遵循教育教学规律的必然结果。三是实行教师主导、学生主体与师生互动相结合原则是充分调动高职学生参与思政课网络虚拟实践教学活动的积极性和主动性、实现教学目标的需要。众所周知，高职思政课网络虚拟实践教学成功的必要条件之一是充分调动高职学生参与思政课网络虚拟实践教学活动的积极性和主动性，而充分调动高职学生参与思政课网络虚拟实践教学活动的积极性和主动性本身就蕴含着高职学生是参与思政课网络虚拟实践教学活动的主体，是内因，

而高职思政课教师是调动其积极性和主动性的人，是外因，外因要通过内因起作用。由此可见，实行教师主导、学生主体与师生互动相结合原则是充分调动高职学生参与思政课网络虚拟实践教学活动的积极性和主动性、实现教学目标的需要。

实行教师主导、学生主体与师生互动相结合原则应注意三点：一是强调高职学生的主体地位，并不排斥高职思政课教师的主导作用，二者相辅相成，是辩证统一的关系。二是高职思政课教师不仅要敢于主导，而且要善于主导。其中，高职思政课教师敢于主导是指在高职思政课网络虚拟实践教学中，高职思政课教师要向高职学生讲明教学目的、布置网络虚拟实践教学任务、提出纪律要求、公布考评办法等；高职思政课教师善于主导是指在高职思政课网络虚拟实践教学中，高职思政课教师要想方设法激发起高职学生的求知欲、好奇心和学习的兴趣，引导其独立思考。三是师生互动要频繁，在高职思政课网络虚拟实践教学中，高职学生可随时随地通过网上互动平台向思政课教师反映自己的想法和情况，高职思政课教师也可通过该网上互动平台及时了解掌握高职学生的思想动态及情况，有针对性地帮助其解决问题，并引导其健康快乐成长。

三、高职思政课网络虚拟实践教学的过程与结果可控原则

高职思政课网络虚拟实践教学的过程与结果可控原则是指建立一整套科学、简便易行的监管机制，确保高职思政课网络虚拟实践教学的过程和结果完全在高职思政课教师的监督与掌控之中。

实行高职思政课网络虚拟实践教学的过程与结果可控原则的理由有三点：一是实行高职思政课网络虚拟实践教学的过程与结果可控原则是落实教育部有关文件精神的需要。2018年4月12日，教育部以教社科〔2018〕2号文件印发的《新时代高校思想政治理论课教学工作基本要求》明确规定："坚持闭卷统一考试为主，与开放式个性化考核相结合，注重过程考核。"由此可见，实行高职思政课网络虚拟实践教学的过程与结果可控原则是落实教育部有关文件精神的需要。二是实行高职思政课网络虚拟实践教学的过程与结果可控原则是规范和掌

控高职学生在思政课网络虚拟实践教学中的过程行为和结果行为的需要。由于高职思政课网络虚拟实践教学不受时空限制，因此，高职学生可以随时随地在网上开展思政课网络虚拟实践教学活动，并且在高职学生开展思政课网络虚拟实践教学活动时，高职思政课教师一般不在其身边，此时如果不采取技术等手段对高职学生在思政课网络虚拟实践教学中的过程行为和结果行为进行监控，则部分自控能力不强的高职学生可能出现滥竽充数不行为或者敷衍了事少行为或者不按教师要求乱行为或者作弊或者对网络虚拟空间产生依赖性等情况。为此，必须采取技术等手段对高职学生在思政课网络虚拟实践教学中的过程行为和结果行为进行监控，并确保高职学生在思政课网络虚拟实践教学中的过程行为和结果行为完全在高职思政课教师的掌控之下。由此可见，实行高职思政课网络虚拟实践教学的过程与结果可控原则是规范和掌控高职学生在思政课网络虚拟实践教学中的过程行为和结果行为的需要。三是实行高职思政课网络虚拟实践教学的过程与结果可控原则是调动高职学生学习的积极性和主动性、养成其良好的品行和习惯的需要。如果高职思政课教师对高职学生在思政课网络虚拟实践教学中的过程表现和结果表现不清楚、不掌握，则高职思政课教师将无法对高职学生进行准确的评价，可能出现高职思政课教师对高职学生的评价与实际不符的情况，由此导致一部分高职学生因自己的行为、表现和付出没有得到教师的肯定而产生"学与不学一个样"的心态，这显然不利于调动其学习的积极性和主动性；与此同时，另一部分高职学生却因自己没有真心付出但依然得到了教师的肯定而产生侥幸心理。这显然不利于养成其良好的品行和习惯，由此可见，实行高职思政课网络虚拟实践教学的过程与结果可控原则是调动高职学生学习的积极性和主动性、养成其良好的品行和习惯的需要。

实行高职思政课网络虚拟实践教学的过程与结果可控原则应注意三点：一是对高职思政课网络虚拟实践教学过程的监控主要是实行高职学生端口的网上实名注册登录制和网络后台监管制，对高职思政课网络虚拟实践教学活动结果的监控主要是实行高职学生学习小组制和实践成果作品网上查重制。二是要求高职学生在思政课网络虚拟实践教学活动中,通过其手中的智能手机向思政课网络虚拟实践教学平台发送相关文字、照片和音视频作业等。这样做,一方面可以利用高职学生手中的智能手机的定位功能,实现对高职学生的空间定位;另一方面,高职思政课教师可以通过思政课网络虚拟实践教学平台实时与高职学生进行在线沟通和交流,从而实现高职思政课网络虚拟实践教学活动的"可见"和"可控"。三是高职思政课教师要加强对高职学生的教育和引导,防止其对网络虚拟空间产生依赖性。

四、高职思政课网络虚拟实践教学的统一性与多样性相统一原则

高职思政课网络虚拟实践教学的统一性与多样性相统一原则是指在高职思政课网络虚拟实践教学中,既要坚持和落实在教学目标、课程设置、学分设置、教材使用、教学管理、考核评价等方面的统一要求,又要结合高职学生的专业特点和个性特征,因地制宜、因时制宜、因材施教,实施多样化的"做中学、学中做",使高职思政课真正进入学生的头脑和内心,并外化于行。

实行高职思政课网络虚拟实践教学的统一性与多样性相统一原则应注意二点:一是在坚持统一性方面,要制定统一的高职思政课网络虚拟实践教学的教学大纲、授课计划、考核评价办法,并进一步落实高职思政课网络虚拟实践教学准备阶段、实施阶段和展示总结阶段的全过程及实践成果等方面的统一要求;二是在坚持多样性方面,要紧扣时代脉搏、反映时代要求,并根据高职学生的专业特点、个性特征,选取不同的教学素材,编印不同的教辅材料,选用不同的教学方法和教学手段,实施多样化教学。

五、高职思政课网络虚拟实践教学的规范性与创新性相结合原则

高职思政课网络虚拟实践教学的规范性与创新性相结合原则是指在高职思政课网络虚拟实践教学中,既要坚持基本的教学规范,又要鼓励高职学生大胆探究创新,要将二者有机结合起来,最终实现高职

思政课网络虚拟实践教学的教学目标。

　　实行高职思政课网络虚拟实践教学的规范性与创新性相结合原则应注意二点：一是在规范性方面，首先要确保高职思政课网络虚拟实践教学活动沿着正确的政治方向前进，在高职思政课网络虚拟实践教学中，不仅要对高职学生进行系统的马克思主义理论教育，而且要指导和引导高职学生学会运用马克思主义立场、观点、方法发现、分析、解决网络虚拟空间问题，并养成其良好的品行和习惯；其次要确保高职思政课网络虚拟实践教学活动符合高职学生的实际情况，如果高职思政课网络虚拟实践教学活动不符合高职学生的实际情况，则会使高职学生产生距离感和陌生感，从而不利于调动其学习的积极性和主动性，因此，高职思政课网络虚拟实践教学的教学内容设计、教学活动和教学形式的选取、教学活动的开展、考核评价的进行等都必须从高职学生的特点和角度出发，并立足于其实际情况；最后要坚持虚拟与现实相结合，要将高职思政课网络虚拟实践教学与传统实践教学结合起来，使高职学生认识到虚拟空间与现实世界的区别，从而避免其产生"网络依赖症"和认识上的片面性，促进其在现实世界和虚拟世界的全面发展。二是在创新性方面，首先要努力提升高职学生对网络信息的辨识能力，在高职思政课网络虚拟实践教学中，高职思政课教师要有意识地训练高职学生运用其所学的思政课理论知识分析辨识网络信息的真假是非曲直，从而不断提升其对网络信息的辨识能力；其次要突出"问题导向"，在高职思政课网络虚拟实践教学中，高职思政课教师要充分发挥高职学生的主观能动性，指导引导高职学生运用其所学的思政课理论知识创造性地分析、解决网络问题；最后在高职思政课网络虚拟实践教学活动的作业和最终成果形式方面要体现创新性，高职学生可以将自己制作的幻灯片、音视频、网页、电子书、电子报和设计的网站等作为自己的思政课网络虚拟实践教学活动的作业和成果提交给高职思政课教师，不再一律要求高职学生提交纸质化的思政课网络虚拟实践教学活动作业和成果。

第五节　互联网时代改革创新高职思政课网络虚拟实践教学的路径

一、搭建高职思政课网络虚拟实践教学网站

搭建高职思政课网络虚拟实践教学网站是指建设高职学生在高职思政课教师指导、引导下，通过"做中学、学中做"，完成高职思政课教师布置的思政课网络虚拟实践教学任务的网络虚拟空间。

高职思政课网络虚拟实践教学网站在内容上主要包括：用户注册登录系统、教学管理信息系统、时政要闻与理论园地系统、网上自主学习资源库系统、网上虚拟实践系统、互动系统、在线作业提交系统、在线练习与考试系统、考核评价系统等。其中，用户注册登录系统又包含三点：一是实行用户实名注册登录制，即当用户首次登录该网站时，需先以本人的公民身份号码作为用户名，再自行设置登录密码，进行注册，注册成功后，才可以登录该网站；二是用户注册成功之后的每一次登录均需先输入用户名和密码，经该网站系统自动核验且准确无误后，方能登录该网站；三是设置密码找回功能，当用户丢失登录密码后，可通过该功能，以注册时预留的本人手机号码找回登录密码，再登录该网站。教学管理信息系统下设"政策文件""通知安排""工作动态"等栏目。时政要闻与理论园地系统下设"时政要闻""时事解读""思政课资讯和经典文献""理论前沿""理论探讨"等栏目。网上自主学习资源库系统下设"概论""基础""形势与政策"等栏目，每个栏目均含有教案、PPT 课件、案例、图片和音视频资料等内容。网上虚拟实践系统下设"网上观看""网上体验""网上调研""网络虚拟建构"" '网事'研究"等栏目。互动系统下设"师生互动""生生互动"等栏目。在线作业提交系统下设"平时作业提交""网络虚拟实践成果作品提交与展示"等栏目。在线练习与考试系统下设"平时练习""期初考试""期中考试""期末考试"等栏目；考核评价系统下

设"考评高职学生""考评高职思政课教师"等栏目,"考评高职学生"栏目又包括"学生本人自评""同学互评""教师评价学生"等;考评高职思政课教师栏目则包括"教师本人自评""教师互评""学生评价教师"等。

搭建高职思政课网络虚拟实践教学网站应注意三点:一是要优化高职思政课网络虚拟实践教学网站的外观设计。目前,虽然部分高职思政课网络虚拟实践教学网站的内容较丰富,但其色彩单一、布局不合理、形式缺乏新颖性,不利于调动高职学生学习的积极性和主动性,为此,有必要对高职思政课网络虚拟实践教学网站的外观进行优化设计,使其具有时代感和新颖性,进而增强该网站对高职学生的吸引力,调动其参与思政课网络虚拟实践教学活动的积极性和主动性。二是要进一步拓展高职思政课网络虚拟实践教学网站功能。目前,高职思政课网络虚拟实践教学网站的功能多为教师到学生(如信息发布)或者学生到教师(如高职学生在线向教师提交作业)的单向传递功能,普遍缺乏教师与学生或者学生与学生双向互动功能。随着现代计算机通信和网络虚拟等新技术的飞速发展,高职思政课网络虚拟实践教学网站要在不断发掘现有功能潜力的基础上,努力拓展增加教师与学生和学生与学生之间的双向互动功能、即时考评功能等功能。三是要进一步强化对高职思政课网络虚拟实践教学网站的日常维护与管理。目前,由于部分高职院校没有指定专人对其思政课网络虚拟实践教学网站进行日常维护与管理,此类网站的资源和信息陈旧且更新缓慢,由此导致该网站的实效性不强、使用率偏低,为此,有必要进一步强化对高职思政课网络虚拟实践教学网站的日常维护与管理,以提升该网站的实效性和使用率。

二、建成高职思政课网络虚拟实践教学移动学习平台即高职思政课网络虚拟实践教学手机 APP

建成高职思政课网络虚拟实践教学移动学习平台即高职思政课网络虚拟实践教学手机 APP 是指高职学生在高职思政课教师的指导、引导下,使用高职思政课网络虚拟实践教学手机 APP,便可在其智能手机上随时随地查看相关知识和信息，完成教师布置的思政课网络虚拟实践教学任务。该高职思政课网络虚拟实践教学手机 APP 的内容主要有用户注册登录系统、教学管理信息系统、时政要闻与理论园地系统、网上自主学习资源库系统、网上虚拟实践系统、互动系统、在线作业提交系统、在线练习与考试系统、考核评价系统等。

通过上述手机 APP 开展高职思政课网络虚拟实践教学活动的具体做法是：首先，高职思政课教师可以通过该高职思政课网络虚拟实践教学手机 APP 向高职学生布置思政课网络虚拟实践教学作业和任务，高职学生通过该高职思政课网络虚拟实践教学手机 APP 进行实名注册登录后便可查看相关作业和任务；其次，在该高职思政课网络虚拟实践教学手机 APP 里，构建一个模拟的网络虚拟实践教学平台，再将现实中的纪念馆、博物馆等搬到该平台上形成网上纪念馆、网上博物馆等，高职学生在参观、体验后，在教师的指导、引导下，运用自己所学的高职思政课理论知识发现、分析和解决各种网络虚拟问题；再次，通过上述手机 APP 开展网上问卷调查和"网事"研究等；最后，高职学生可通过手中的智能手机随时随地登录上述手机 APP，在师生互动和生生互动的基础上，通过参与思政课网络虚拟实践教学活动，最终完成教师布置的网络虚拟实践教学作业和任务。

三、开发严肃的高职思政课实践教学网络游戏帮助高职学生深刻理解掌握高职思政课理论

开发严肃的高职思政课实践教学网络游戏是指将网络游戏引入高职思政课实践教学中，将二者有机结合起来，以网络游戏为形式，以高职思政课实践教学内容为内容，自觉弘扬主旋律，积极传递正能量，通过游戏的方式，将高职思政课实践教学内容蕴含在游戏的各关卡之中，学生在玩游戏的过程中即可学习到高职思政课理论知识。

在此需要强调指出三点：一是尽管网络游戏有这样和那样的缺点和不足，但它也有优点，如它对高职学生具有较强的吸引力，因此，尝试用网络游戏的方式开展高职思政课网络虚拟实践教学不失为一种调动高职学生学习的积极性和主动性、与时俱进的新方式；二是高职

思政课实践教学网络游戏要自觉弘扬主旋律、积极传递正能量,要引导高职学生增强中国特色社会主义道路自信、理论自信、制度自信、文化自信;三是采取行之有效的措施,推出更多优秀的严肃的高职思政课实践教学网络游戏,帮助高职学生深刻理解掌握高职思政课理论。

四、开展网上观看与体验、网上调研与网络虚拟建构等高职思政课网络虚拟实践教学活动,帮助高职学生全面观察了解自己、同学和社会

网上观看是指在高职思政课网络虚拟实践教学中,高职学生在高职思政课教师的指导、引导下,在网上虚拟空间观看与高职思政课网络虚拟实践教学有关的实物、图片、文字资料、音视频等,并撰写心得体会交高职思政课教师评阅赋分,以此来完成教师布置的思政课网络虚拟实践教学作业和任务的一种高职思政课网络虚拟实践教学活动。网上体验是指在高职思政课网络虚拟实践教学中,高职学生在高职思政课教师的指导、引导下,在网上虚拟空间对网上纪念馆、网上博物馆等进行参观、体验,并撰写实践报告交高职思政课教师评阅赋分,以此来完成教师布置的思政课网络虚拟实践教学作业和任务的一种高职思政课网络虚拟实践教学活动。网上调研是指在高职思政课网络虚拟实践教学中,高职学生在高职思政课教师的指导、引导下,根据兴趣、爱好、特长等因素自愿组成6—8人的若干学习小组,再以学习小组的形式就网络世界的某一热点或者焦点或者现象自行设计制作调查问卷包括若干问题及其答案,然后在网上进行问卷调查,回收已完成的调查问卷,统计调查数据,并运用马克思主义立场、观点、方法对调查数据进行分析,最终形成调查报告交高职思政课教师评阅赋分,以此来完成教师布置的思政课网络虚拟实践教学作业和任务的一种高职思政课网络虚拟实践教学活动。网络虚拟建构是指在高职思政课网络虚拟实践教学中,高职学生在高职思政课教师的指导、引导下,围绕自己所学的思政课理论问题、网络现象或者网络问题制作电子书、网页或者专题网站交高职思政课教师评阅赋分,以此来完成教师布置的思政课网络虚拟实践教学作业和任务的一种高职思政课网络虚

拟实践教学活动。

在此需要强调指出二点：一是网上观看、网上体验、网上调研和网络虚拟建构等均为高职思政课网络虚拟实践教学活动；二是高职学生在开展上述网上观看、网上体验、网上调研和网络虚拟建构等高职思政课网络虚拟实践教学活动时，必须在高职思政课教师的指导、引导下运用马克思主义立场、观点、方法分析、解决各种网络问题。

五、开展"网事"研究提升高职学生运用马克思主义立场、观点、方法发现、分析和解决网络问题的能力

开展"网事"研究是指在高职思政课网络虚拟实践教学活动中，高职学生在高职思政课教师的指导、引导下，充分利用网上资源，就网络世界的热点、焦点等问题进行深入研究，并运用马克思主义立场、观点、方法分析、解决网络世界热点、焦点等问题，最终以电子书、音视频等形式向思政课教师提交具有创新性和独到见解的研究报告或者研究论文的一种研究活动。

开展"网事"研究的理由有二点：一是开展"网事"研究有利于高职学生全面发展。目前，高职学生的日常生活既有现实生活如在学校食堂用餐、乘公交车出行，又有网上生活如网上购物、网上聊天等，因此，高职学生不仅要学会处理现实问题，而且也要学会处理网络虚拟问题。如前所述，高职学生在通过思政课传统实践教学学会处理现实问题的基础上，再开展"网事"研究，则可在高职思政课教师的指导、引导下，学会运用自己所学的高职思政课理论知识分析、解决网络虚拟问题，由此可见，开展"网事"研究有利于高职学生全面发展；二是开展"网事"研究的过程就是高职学生在高职思政课教师指导、引导下，运用马克思主义立场、观点、方法发现、分析和解决网络问题的过程，因此，开展"网事"研究有利于提升高职学生运用马克思主义立场、观点、方法发现、分析和解决网络问题的能力。

开展"网事"研究应注意二点：一是"网事"研究是高职学生在高职思政课教师的指导、引导下进行的研究，因此，"网事"研究应由高职学生本人完成，高职思政课教师既不能包办代替，也不能放任自

流；二是高职学生必须运用马克思主义立场、观点、方法分析和解决网络问题。

六、实行高职思政课网络虚拟实践教学活动手册制，逐步养成高职学生良好的品行和习惯

实行高职思政课网络虚拟实践教学活动手册制是指在高职思政课网络虚拟实践教学活动开始之前，由学校为每一名高职学生配发一本空白的高职思政课网络虚拟实践教学活动手册，该手册为 A4 纸共 35 页左右，每页均设有时间、地点、思政课网络虚拟实践教学活动过程、心得体会、实践报告和总结等栏目，高职学生在高职思政课教师的指导、引导下完成每一次的思政课网络虚拟实践教学活动之后，必须逐页逐项填写该手册，并按要求将其交给高职思政课教师评阅赋分的一种制度。

实行高职思政课网络虚拟实践教学活动手册制的理由有三点：一是互联网时代，部分高职学生已养成手机不离手的习惯，却逐渐丢掉了带书本和动笔的习惯。为改变此种状况，并加强对高职思政课网络虚拟实践教学活动的全过程管理与考评，实行高职思政课网络虚拟实践教学活动手册（以下简称手册）制已势在必行。二是由于该手册经由高职思政课教师评阅赋分后将作为评定高职学生思政课网络虚拟实践教学活动平时成绩的依据之一，因此，实行高职思政课网络虚拟实践教学活动手册制在客观上有利于调动高职学生参与高职思政课网络虚拟实践教学活动的积极性和主动性，并确保其高质量地完成高职思政课教师布置的思政课网络虚拟实践教学作业和任务。三是实行高职思政课网络虚拟实践教学活动手册制，不仅有利于高职学生养成独立思考和动手记笔记的良好习惯，同时也是高职思政课教师加强思政课网络虚拟实践教学过程和结果管理的有效手段之一。

实行高职思政课网络虚拟实践教学活动手册制应注意三点：一是为便于高职学生自主学习，该手册须内附高职思政课网络虚拟实践教学方案和实践教学考评办法等；二是每门思政课由学校统一印制并配发给每一名高职学生一本手册；三是该手册由高职学生本人填写，不

得抄袭，否则，按作弊处理。

第六节　高职思政课网络虚拟实践教学的难点研究

一、建设内容丰富的高职思政课网络虚拟实践教学数字化资源库

高职思政课网络虚拟实践教学数字化资源库是指由开展高职思政课网络虚拟实践教学所需的各种图片、图形、图像、动画、音视频、文字资料、PPT课件等资源有机组成的集资源上传、资源存取、资源管理、资源评价、资源检索和资源归档等为一体的数字化资源管理平台。

建设内容丰富的高职思政课网络虚拟实践教学数字化资源库的理由有三点：一是建设内容丰富的高职思政课网络虚拟实践教学数字化资源库是开展高职思政课网络虚拟实践教学的前提和基础，没有高职思政课网络虚拟实践教学数字化资源库，则高职思政课网络虚拟实践教学将无法顺利开展；二是建设内容丰富的高职思政课网络虚拟实践教学数字化资源库可以为高职思政课教师开展思政课网络虚拟实践教学提供大量有用的教学素材，避免其重复性劳动，从而有利于提高其工作效率和教学效果；三是建设内容丰富的高职思政课网络虚拟实践教学数字化资源库可以为高职学生提供更加丰富的学习资源，激发起其学习的兴趣，拓展其开展思政课网络虚拟实践教学活动的时间和空间。

建设内容丰富的高职思政课网络虚拟实践教学数字化资源库应注意三点：一是高职思政课网络虚拟实践教学数字化资源库的内容包括文本、图片图形图像、动画、音视频等四类素材资源、高职思政课网络虚拟实践教学课件和问题解答、高职思政课网络虚拟实践教学活动和案例、文献资料及资源目录索引等；二是高职思政课网络虚拟实践教学数字化资源库的建设应充分考虑高职学生的学习特点，高职学生

一般对阅读文字资源兴趣不大，偏爱观看动画和视频资源，因此，高职思政课网络虚拟实践教学数字化资源库应以动画、图片图形图像和音视频等素材为主；三是要及时更新高职思政课网络虚拟实践教学数字化资源库。

二、搭建高职思政课网络虚拟实践教学互动平台

搭建高职思政课网络虚拟实践教学互动平台是指在高职思政课网络虚拟实践教学中，依托信息通信技术、互联网等建立的可以随时随地实现高职思政课教师与学生互动交流、教师与教师互动交流、学生与学生互动交流的网上平台。目前，比较流行的高职思政课网络虚拟实践教学互动平台主要有微信、QQ、微博、论坛等，由于高职学生几乎人人都有微信、QQ，因此，微信、QQ是目前高职思政课网络虚拟实践教学活动中经常使用的两种互动平台。

在搭建高职思政课网络虚拟实践教学互动平台时应注意三点：一是高职思政课教学研究部门要开设微信公众号，及时发布高职思政课方面的信息，高职学生通过自己手中的智能手机便可随时随地查看相关信息；二是高职思政课教师应及时建立自己所教学班级的微信群或者QQ群，在该微信群或者QQ群里，教师可以发布作业、任务等信息，高职学生可以提问，教师和同学可以及时解答，师生还可就某个问题共同进行讨论，从而实现高职师生的频繁互动，这不仅有利于高职思政课教师及时了解掌握高职学生的思想状况，而且有利于使高职思政课网络虚拟实践教学活动始终处于高职思政课教师的掌控之中；三是随着微信、QQ等即时通信工具的飞速发展和广泛使用，高职思政课网络虚拟实践教学网站的互动交流功能将逐渐被微信、QQ等即时通信工具所取代，但高职思政课网络虚拟实践教学网站发布各种思政课网络虚拟实践教学资源的功能至今仍然没有其他平台可以取代，因此，上述网站和互动平台均应加快建设的步伐，二者均不可偏废。

三、进一步加强高职思政课网络虚拟实践教学的安全性

一方面，互联网的开放性和交互性，使得网上既有大量对高职学

生有益的信息，也有部分对高职学生有害的不健康的信息；另一方面，由于互联网的虚拟性和匿名性，容易导致一些意志不坚定的高职学生的网上行为违反相关规定和规范，不利于高职学生养成良好的品行和习惯。因此，我们在开展高职思政课网络虚拟实践教学时，必须采取措施，进一步加强高职思政课网络虚拟实践教学的安全性。具体来说，这些措施主要包括：（一）建立健全高职思政课网络信息安全监管机构，该机构由学校思政课教学研究部门、学校党委宣传部、学校相关管理部门、思政课教师代表和高职学生代表组成，其职责是负责高职思政课网络信息安全的监管工作；（二）建立健全高职思政课网络信息安全监管制度，一方面对网络信息进行全天24小时不间断监测，发现网上不良信息及时予以处理，防止网上不健康信息对高职学生产生不良影响，另一方面，要对网上的热点问题和事件及时进行正面的正确引导，帮助高职学生树立正确的世界观、人生观、价值观；（三）规范网络信息来源，要坚持使用新华网、人民网等正规的主流媒体刊发的信息；（四）明确规定高职学生在参与高职思政课网络虚拟实践教学活动时，必须使用实名注册登录，同时规定高职学生向教师提交的实践报告的查重率必须低于学校规定的标准；（五）高职思政课教师要积极指导、引导高职学生学会辨识、处理网络信息，提升高职学生对网上不健康信息的免疫力；（六）不断提升高职学生运用马克思主义立场、观点、方法分析和解决各种网络问题的能力。

与此同时，高职学生在参与高职思政课网络虚拟实践教学活动时，也必须采取措施，努力提升自己的网络安全意识，并正确履行自己的网络安全责任。具体来说，这些措施主要包括：（一）逐步养成良好的网络道德，不在网上发布不良信息；（二）坚决制止各种网络不良信息的传播；（三）正确处理网络世界虚拟空间与现实世界现实空间的关系，理性看待网络世界，学会正确使用网络工具，避免出现"网络依赖症"；（四）高职学生在参与高职思政课网络虚拟实践教学活动时，必须按照学校规定使用实名注册登录，严格规范自己在网上的一言一行，认真开展思政课网络虚拟实践教学活动，按时完成教师布置的高职思政课网络虚拟实践教学任务，保质保量地向教师提交自己撰写的实践报告，并确保该实践报告的查重率低于学校规定的标准;(五)学会运用马克思主义立场、观点、方法发现、分析和解决各种网络问题。

第七节　开展高职思政课网络虚拟实践教学应注意的几个问题

一、要正确处理好高职思政课网络虚拟实践教学资源的购买与自制问题

目前,获得高职思政课网络虚拟实践教学资源的途径有二种:一种途径是从相关的出版社或者商业公司购买高职思政课网络虚拟实践教学资源;另一种途径是由学校组织高职思政课教师自制高职思政课网络虚拟实践教学资源。这二种途径各有优点和不足。其中,通过购买途径获得的高职思政课网络虚拟实践教学资源虽然马上就能投入使用,但购买高职思政课网络虚拟实践教学资源需要支付一定的费用且购买的高职思政课网络虚拟实践教学资源一般无法满足高职师生的个性化需求;而通过自制途径获得的高职思政课网络虚拟实践教学资源虽然能满足高职师生的个性化需求,但高职师生自主开发制作思政课网络虚拟实践教学资源一般需要一定的研发费用和研发时间,很难立即将其投入使用。综上所述,从短期来看,应采用购买的方式获得高职思政课网络虚拟实践教学资源,以便将其尽快投入使用;从长远来看,应采用自制的方式获得高职思政课网络虚拟实践教学资源,这样做不仅可以满足高职师生的个性化需求,而且后期费用也更低。

二、要正确处理好高职思政课网络虚拟实践教学网站与手机APP 的关系问题

随着移动通信技术和智能手机的飞速发展和广泛使用,目前高职学生几乎人人都有手机,且手机不离手,因此,仅仅开发面向电脑终端访问的高职思政课网络虚拟实践教学网站显然是远远不够的,有必

要开发面向智能手机终端访问的高职思政课网络虚拟实践教学手机APP。就高职思政课网络虚拟实践教学网站和高职思政课网络虚拟实践教学手机 APP 而言，二者各有优点和不足。其中，高职思政课网络虚拟实践教学手机 APP 虽然使高职师生随时随地访问成为可能，但其终究不能像电脑那样进行复杂的操作；而高职思政课网络虚拟实践教学网站虽然可以进行复杂的操作，但其也有局限性，无法使高职师生随时随地访问成为可能。因此，高职思政课网络虚拟实践教学网站和高职思政课网络虚拟实践教学手机 APP 二者相互补充，不可偏废。

三、要正确处理好高职思政课网络虚拟实践教学与传统实践教学的关系问题

高职思政课网络虚拟实践教学与传统实践教学都属于高职思政课实践教学的范畴，这是二者的共同点。但二者也有明显的区别，二者的不同点有三点：一是高职思政课网络虚拟实践教学不受时间和空间的限制，可以利用智能手机等移动终端随时随地开展，但高职思政课传统实践教学因受时间和空间的限制，不能随时随地开展。二是高职思政课网络虚拟实践教学是在网络世界、虚拟空间进行的，而高职思政课传统实践教学却是在现实世界、现实空间进行的。三是高职思政课网络虚拟实践教学对现代信息通信技术和网络虚拟等技术的依赖性强，甚至可以说，没有现代信息通信技术和网络虚拟等技术的发展和应用，也就没有高职思政课网络虚拟实践教学。但高职思政课传统实践教学对现代信息通信技术和网络虚拟等技术的依赖性不太强，甚至可以说，没有现代信息通信技术和网络虚拟等技术的发展和应用，也可开展高职思政课传统实践教学。由此可见，高职思政课网络虚拟实践教学与传统实践教学各有优势和不足，为了高职学生在虚拟世界和现实世界的全面发展，我们既不能用高职思政课网络虚拟实践教学取代高职思政课传统实践教学，也不能用高职思政课传统实践教学取代高职思政课网络虚拟实践教学。二者相互联系、互为补充、相辅相成，共同构成高职思政课实践教学整体，二者均不可偏废。

第八章 高职思政课实践教学保障机制研究

一般来说，高职思政课实践教学保障机制主要包括高职思政课实践教学师资力量保障机制和经费保障机制等。

第一节 高职思政课实践教学师资力量保障机制研究

根据教育部相关文件的规定，高职思政课教学由理论教学和实践教学两部分组成，其中，高职思政课理论教学部分为7学分，高职思政课实践教学部分为1学分。目前，一般情况下，高职思政课教师既要负责高职思政课理论教学，也要负责高职思政课实践教学。

虽然目前高职思政课实践教学师资力量包括高职思政课教师、辅导员、班主任和高职专业课教师等，但由于高职思政课实践教学工作不是辅导员、班主任和高职专业课教师的主要工作，因此，辅导员、班主任和高职专业课教师只是高职思政课实践教学的兼职教师。目前高职思政课实践教学工作主要由高职思政课教师负责，因此，高职思政课教师就是高职思政课实践教学的专职教师，而辅导员、班主任和高职专业课教师只在特定的情况下才负责高职思政课实践教学工作，辅导员、班主任和高职专业课教师只是高职思政课实践教学的兼职教师。就高职思政课实践教学而言，高职思政课实践教学兼职教师是高职思政课实践教学专职教师的必要补充，因此，研究高职思政课实践教学师资力量保障机制实际上就是研究高职思政课实践教学专职教师即高职思政课教师保障机制。基于此，本节将围绕高职思政课实践教学专职教师即高职思政课教师展开研究。

一、高职思政课教师的现状

（一）部分高职思政课教师的理论知识有欠缺

目前，一般在高职一年级第一学期开设《基础》课程，在高职一年级第二学期开设《概论》课程。由于部分高职思政课教师人数不足，现有部分高职思政课教师既要在高职一年级第一学期为高职学生讲授《基础》课程，又要在高职一年级第二学期为高职学生讲授《概论》课程。在此种情况下，高职思政课教师欠缺理论知识的情况就不属于个案了，有相当多的高职思政课教师欠缺高职思政课某一方面或者某几个方面的理论知识，其具体表现有：1.高职思政课的内容包括马克思主义哲学、历史、法律、道德、思想教育等诸多领域，但高职思政课教师在大学所学的知识却只局限于某个领域，如果高职思政课教师在大学或者研究生毕业后不自学、进修，则其理论知识有欠缺就是不可避免的。如非法学专业毕业的高职思政课教师在讲授《基础》课程中的法律部分内容时明显感觉自己欠缺法学理论知识。2.高职思政课教师是党的理论、政策的宣讲者，而党的理论、政策是随着党和国家事业的发展而不断发展的，如果高职思政课教师在平时不努力学习党的理论，则必然会出现欠缺党的理论知识的情况。3.解高职学生之惑，帮助高职学生树立正确的世界观、人生观、价值观，是高职思政课教师的职责之一。而高职学生之惑大多是高职学生火热的社会生活在其头脑中的反映，要解高职学生之惑，则高职思政课教师必须深入高职学生火热的社会生活，探究并总结高职学生社会生活中的规律性东西即理论知识，并用该理论知识去解高职学生之惑。如果高职思政课教师只停留在书本上而不深入高职学生的生活实际进行探究总结，则必然欠缺解高职学生之惑的相关理论知识。

（二）部分高职思政课教师的实践教学能力有待提升

高职教育有二个特点：一是高职教育姓"高"，属于高等教育范畴，不同于中等职业教育；二是高职教育名"职"，属于职业教育的范畴，不同于本科教育。开展高职思政课实践教学，让高职学生在"做中学、学中做"，是高职教育的题中应有之义，但目前部分高职思政课教师的实践教学能力较差，其具体表现有：1. 部分高职思政课教师是由本科院校毕业后未经实际工作锻炼而直接进入高职担任思政课教师的，这部分教师因自己没有实践经验显然缺乏高职思政课实践教学能力。2. 虽然实践教学是高职思政课教学的重要组成部分，但因受场地、资金、人员和安全等因素的制约，实践教学成为部分高职思政课的奢侈品。有的高职思政课根本就不开展实践教学，这使得这部分高职思政课教师拟通过高职思政课实践教学来提高自己的实践教学能力的想法和愿望落空，从而导致其高职思政课实践教学能力不能与时俱进，与实践教学开展得比较好的高职思政课教师相比，这部分高职思政课教师的实践教学能力必然会越来越差。

（三）部分高职思政课教师因教学任务繁重而无暇顾及实践教学的改革与发展

教育部于 2018 年 4 月 12 日印发的《新时代高校思想政治理论课教学工作基本要求》明确规定：要按照师生比不低于 1：350 的比例配备高职思政课教师。但实际上有相当多的高职院校达不到这一比例要求，由此导致部分高职思政课教师承担的教学班不仅多，而且每个教学班的高职学生人数也不少，再加上按教育部规定高职思政课教师要开展高职思政课网络教学工作，而高职思政课网络教学客观上又要求高职思政课教师要随时随地与高职学生开展在线交流互动。在此种情况下，高职思政课教师能完成自己的教学任务已实属不易，显然没有更多的时间和精力去研究高职思政课实践教学的改革与发展。

（四）部分高职思政课教师对科研工作心有余而力不足

高职思政课教师晋升职称和聘期考核都需要完成一定数量的科研任务，主要包括主持或者参与课题研究、撰写论文等，这是高职思政课教师开展科研工作的推动力，但如上所述，由于高职思政课教师教学任务繁重，因而可以说，部分高职思政课教师对科研工作是心有余而力不足，其具体表现是：1. 在课题方面，高职思政课教师因教学任务重而没有时间去参加培训、进修，导致其不仅不了解高职思政课领域理论与实践的最新研究进展,而且科研水平和能力也呈明显的下降趋势,其所申报的课题因自己的科研水平和能力所限往往无法获得批准和资助,因而无法开展科研工作;2. 在发表论文方面,目前高职思政课领域的杂志本来就比较少,中文核心期刊更是少之又少,而全国高职思政课教师的人数却不少,这导致高职思政课教师发表论文十分困难,部分高职思政课教师因之有畏难情绪,有的高职思政课教师干脆从此不再撰写论文等等。

(五)部分高职思政课教师因职务职称晋升困难而不安心本职工作

高职思政课教师收入的增加有赖于其职务晋升或者职称晋升,但从职务晋升来说,由于职务的金字塔式结构,高职思政课教师职务晋升非常困难,且职务越高,晋升机会越少;另一方面,从职称晋升来说,由于受主持或参与课题研究、发表论文等的限制,部分高职思政课教师的职称晋升之路也布满荆棘,由此导致部分高职思政课教师因收入无法提高而不安心本职工作,有的高职思政课教师干脆离职转行,这显然不利于高职思政课教育教学和高职思政课教师的发展。

(六)部分高职思政课教师出现了不同程度的职业倦怠现象

目前,由于部分高职思政课教师人数不足,部分高职思政课教师的教学工作量增大。在日复一日、年复一年的教学工作下,部分高职思政课教师出现了不同程度的职业倦怠现象,其具体表现有:1. 从主观上来说,部分高职思政课教师由于对自己的科研能力、写作论文能力等没有信心,因而在其取得副教授任职资格后决定放弃申报教授任职资格,这部分高职思政课教师从被学校聘任为副教授之日起,便逐渐失去了争先创优的动力,对工作越来越没有激情,对自己周围的师生、事物也越来越不关心,对自己所教的高职学生越来越没有耐心;2. 从客观上来说,由于招生规模扩大,高职学生的人数增多,使得高职思政课教学多为中班或者大班授课,在此种情况下,高职思政课教师与高职学生之间无法进行有效互动,高职思政课教师上课只是为了完成自己的教学工作任务。长此以往,部分高职思政课教师对自己的教学工作必然会越来越没有成就感,从而感到心灰意冷,并表现出不同程度的职业倦怠现象。

二、进一步加强高职思政课教师队伍建设的必要性

（一）进一步加强高职思政课教师队伍建设是贯彻落实中共中央宣传部和教育部有关文件精神的需要

中共中央宣传部和教育部先后于 2008 年 9 月 23 日和 2015 年 7 月 27 日发出通知，要求进一步加强高校思政课教师队伍建设，切实提高专职教师整体素质。由此可见，进一步加强高职思政课教师队伍建设，切实提高高职思政课专职教师整体素质，是贯彻落实中共中央宣传部和教育部有关文件精神的需要。

（二）进一步加强高职思政课教师队伍建设是提升高职思政课教学质量的需要

高职思政课教师作为高职思政课理论教学和实践教学的设计者、组织者、实施者、改进者，是直接影响并决定高职思政课教育教学质量的关键因素和主导力量。高职思政课教师只有具备了崇高而坚定的职业理想信念、高尚的师德、扎实的理论功底、精湛的业务能力，才可能做到献身高职思政课教育事业，积极履行自己的岗位责任，全心全意为高职学生服务。由此可见，进一步加强高职思政课教师队伍建设对于提升高职思政课教育教学质量具有十分重要的意义。

（三）进一步加强高职思政课教师队伍建设是高职思政课教师自身成长成才的需要

进一步加强高职思政课教师队伍建设对高职思政课教师自身成长成才具有十分重要的作用，其具体表现是：1. 随着新时代的到来，高职思政课的理论教学和实践教学都面临着从内容到形式的变革，高职思政课教师只有不断探索高职思政课教学改革的新思路、新方法，才能使自己立于不败之地；2. 随着网络和信息技术的广泛应用，高职思政课教师只有不断提升自己的信息化教学能力和水平，才能使自己跟上时代发展的步伐。

（四）进一步加强高职思政课教师队伍建设是高职学生成长成才的需要

进一步加强高职思政课教师队伍建设对高职学生成长成才具有十

分重要的作用,其具体表现是:1. 高职思政课教师是高职学生健康成长的指导者和引路人,承担着用习近平新时代中国特色社会主义思想武装高职学生的重任;2. 高职思政课教师的职责是教书育人,且高职思政课教师的教书育人不是仅仅只局限于某个时间点、某一段时间或者某一个环节,而是体现在对高职学生的全过程、全员、全方位育人上;3. 高职学生大多为高考分数较低的学生,部分高职学生不仅学习能力较差,而且对自己的前途缺乏自信心,正因为这样,高职学生更需要高职思政课教师给予尊重和关怀,并且只有尊重和关怀高职学生,才能使其重新确立起走向胜利的自信。

三、进一步加强高职思政课教师队伍建设的依据

(一)理论依据

随着新时代的到来,高职思政课教师的素质和教学能力已越来越不适应新时代发展的需要,必须与时俱进,而与时俱进是马克思主义的理论品质。这是新时代进一步加强高职思政课教师队伍建设的理论依据。

(二)政策依据

中共中央宣传部和教育部以教社科〔2008〕5号文件下发的关于进一步加强高校思政课教师队伍建设的意见即为进一步加强高职思政课教师队伍建设的政策依据。

四、进一步加强高职思政课教师队伍建设的路径

(一)实施高职思政课教师"多元化"发展

高职思政课教师"多元化"发展是指高职思政课教师通过参加各种高职思政课理论学习和实践锻炼,使自己在政治、教学、科研、个人等多方面获得长足进步的一种横向发展。高职思政课教师"多元化"发展具体包括:第一,高职思政课教师在政治上的发展(以下简称政治发展)。政治发展是指高职思政课教师通过培训、交流考察、项目资助等不断提高自己的马克思主义理论素养和思想政治法律素质,注重良好的道德品质和行为习惯的养成,并不断提升自己的精神境界和为

高职思政课教育事业服务的责任感和使命感，努力做教书育人的模范的一种发展。其具体表现是：1. 在政治上，高职思政课教师必须确保自己始终同党中央保持高度一致；2. 在师德师风方面，高职思政课教师必须具有良好的品行习惯、责任担当意识和敬业奉献精神，并不得发生学术不端和违纪等情况。第二，教学发展。这是指高职思政课教师通过培训、研修、在职攻读学位、交流考察、教学展示、宣传推广等不断提高自己的高职思政课教学水平和能力的一种发展。其具体表现是：1. 在教学内容方面，高职思政课教师要自觉将党的理论创新最新成果和党的方针、政策等及时融入高职思政课教育教学中；2. 在教学方法方面，高职思政课教师要在现有教学方法的基础上，与时俱进，不断探索推广问题导向式教学法、专题式教学法、参与互动式教学法等；3. 在教学手段方面，高职思政课教师要通过参加各种形式的培训、进修和自学，了解掌握网络技术、信息通信技术和智能助教等先进的教育技术，并将其运用到高职思政课教学中，增加高职学生的知识量和信息量，并通过互联网使高职思政课教育教学不再受时间和空间的限制。第三，科研发展。这是指高职思政课教师通过申报获得课题项目资助等不断提高自己的高职思政课科研水平和能力的一种发展。其具体表现是：1. 在完成课题研究上，高职思政课教师通过主持或者参与国家级、省部级、委局级、校级科研课题来不断提升自己科学研究的水平和能力；2. 在论文著作方面，高职思政课教师运用自己所学的理论知识并结合实际对高职思政课理论和实践方面的问题以论文或者著作的形式自己独立或者与人合作发表独到的见解，以提升自己的学术水平和写作能力；3. 在成果获奖方面，高职思政课教师在完成课题、论文、著作等的基础上，通过申报评审，使自己的课题、论文、著作等获得不同级别不同等次的奖项，从而获得国家、社会和学校对高职思政课教师的科研水平和能力的认可、褒奖和积极肯定的评价；4. 在成果应用方面，高职思政课教师要善于将自己的科研成果在更大范围内进行推广，以惠及广大高职思政课教师和学生。第四，高职思政课教师在个人晋升职称、个人参赛或者个人指导高职学生参赛、个人奖励绩效获得等方面的发展（以下简称个人发展）。个人发展是指组织根据高职思政课教师在政治、教学、科研、社会服务等方面的工作、表现和业绩，通过公开公平公正的评审等程序在职称、奖品和奖金等方面给予高职思政课教师积极肯定评价的一种发展。其具体表现是：1.在职称晋升上，高职思政课教师在符合职称评审条件的情况下，经过本人申报组织评审，可以从助教顺序或者破格晋升为讲师、副教授、教授；2.在个人参赛或者个人指导高职学生参赛方面，高职思政课教师不仅自己要积极参加教师技能大赛，而且还要积极指导高职学生参加高职思政课公开课大赛、情景剧大赛等，在使自己获得发展的同时帮助高职学生全面发展；3.在奖励绩效方面，一方面是国家给高职思政课教师每人每月增发一定数额的奖励绩效；另一方面是高职思政课教师通过自己的辛勤劳动获得相对较多的奖励绩效。

（二）实施高职思政课教师"全程化"发展

高职思政课教师"全程化"发展是指高职思政课教师通过自学、培训、研修、项目研究和实践锻炼等，使自己从高职思政课新教师快速成长为骨干教师、课程带头人、教学名师、影响力人物的一种纵向发展。高职思政课教师"全程化"发展具体包括：1.高职思政课教师从教早期。从担任高职思政课教师开始至持续从教十年，这个时期是高职思政课教师从新教师快速成长为高职思政课骨干教师的积累时期，在这个时期，高职思政课教师要通过试讲、集体备课、听示范课和说课、相互听课、参加青年教师技能大赛等形式，使自己在参考、借鉴、消化的基础上，逐步形成自己的教学特色。2.高职思政课教师从教中期。从持续从教十年之后算起至退休前十年，这个时期是高职思政课教师由骨干教师发展为本校思政课课程带头人、省级教学名师、全国高职思政课影响力人物的关键时期。在这个时期，高职思政课教师要通过集体备课、教学展示、理论进修、实践研修、课题项目资助等形式，使自己突破发展过程中的瓶颈，取得骄人的成绩。3.高职思政课教师从教后期。从退休前十年至退休，这个时期既是高职思政课教师由本校思政课课程带头人发展成为省级教学名师、全国高职思政课影响力人物的收获时期，也是高职思政课教师出现职业倦怠的危险时期。在这个时期，高职思政课教师要努力做好两方面的工作：一是要继续努力，力争发展成为省级教学名师或者全国高职思政课影响力人物；二是要积极开展教育事业传承工作，通过传帮带培养高职思政课青年教师。

（三）实施高职思政课教师"特色"发展

高职思政课教师"特色"发展是指高职思政课教师根据当地的特色和本校的实际情况，结合自身的特点和个性，使自己在高职思政课教育教学的一个方面或者几个方面或者大部分方面甚至所有方面与其他高职思政课教师有区别，并形成"人无我有、人有我优、人优我精、人精我特"的局面。高职思政课教师的"特色"发展主要表现在三个方面：一是在高职思政课理论教学方面的创新发展，包括在高职思政课理论教学的理念、手段、方式、方法、考核评价模式等方面的创新发展；二是在高职思政课课堂、校内、校外实践教学方面的创新发展，包括在高职思政课实践教学的平台、形式、场地、安全与经费保障、考核评价模式等方面的创新发展；三是在高职思政课网络虚拟实践教学方面的创新发展，包括在高职思政课网络虚拟实践教学的资源库建设、智能助教系统的引入、课前预习、课中师生互动、课后复习与检查、在线考试与试题库建设等方面的创新发展。实施高职思政课教师"特色"发展，不仅为高职思政课教师今后的发展指明了方向，而且也有利于形成高职思政课教育教学的创新发展，惠及广大高职学生。实施高职思政课教师的"特色"发展充分体现了高职思政课教师发展的高度。

（四）实现高职思政课教师"持续"发展

高职思政课教师"持续"发展是指高职思政课教师通过持续参加研修、培训、社会实践等，不断更新自己的知识、提升自己的能力、养成良好的品行和习惯，从而更好地适应新时代高职思政课教育教学发展的需要，并形成"时间上前后相继、数量上有增无减、质量上稳中有升、特色上既传承传统优势又与时俱进"的高职思政课教师发展的新局面。高职思政课教师的"持续"发展主要表现在四个方面：一是在政治上、思想上、行动上始终与以习近平同志为核心的党中央保持高度一致；二是在知识方面，用党的十九大精神和习近平新时代中国特色社会主义思想武装高职思政课教师头脑，不断更新高职思政课理论知识，并以社会主义核心价值观为引领，帮助高职学生树立正确的世界观、人生观和价值观；三是在能力方面，高职思政课教师不仅要不断提升自己运用马克思主义立场、观点、方法分析和解决各种问题的能力，而且要指导高职学生举一反三，不断提升其运用高职思政课理论发现、分析和解决各种问题的能力；四是在养成良好的品行、习惯方面，高职思政课教师要始终坚持知行合一、以身作则，做高职学生的榜样，并通过言传身教在不知不觉中引领促使高职学生养成良好的品行和习惯。实施高职思政课教师"持续"发展，不仅有利于高职思政课教师更新知识、提升能力，而且也有利于高职学生良好品行的养成和能力的提升。实现高职思政课教师的"持续"发展充分体现了高职思政课教师发展的长度。

（五）推进高职思政课教师"协调"发展

高职思政课教师"协调"发展是指高职思政课教师人数与学生人数、专职教师人数与兼职教师人数、双师教师人数与非双师教师人数相匹配，并形成"高职思政课师生比均衡和教师内部人员稳定、结构合理"的局面。高职思政课教师的"协调"发展主要表现在三个方面：一是高职思政课教师人数与高职学生人数相匹配，如果不相匹配，则会导致师生之间的比例失调，从而不利于高职思政课教育教学工作的有效开展；二是高职思政课专职教师人数与兼职教师人数相匹配，如果不相匹配，则会导致高职思政课专职教师人数与兼职教师人数之间的比例失调，从而不利于高职思政课教师队伍的稳定；三是高职思政课双师教师人数与教师人数相匹配，如果不相匹配，则会导致高职思政课实践教学无法顺利开展。推进高职思政课教师"协调"发展，不仅有利于高职思政课教师与学生之间比例的均衡，而且也有利于形成高职思政课教师内部合理稳定的结构。高职思政课教师的"协调"发展充分体现了高职思政课教师发展的宽度。

（六）实施高职思政课教师"内生自主性与外生组织性协同化"发展

高职思政课教师"内生自主性与外生组织性协同化"发展是指高职思政课教师在自己内生动力和外部组织所生动力的协同驱动下，不断提升自己在高职思政课教学、科研和社会服务等方面的水平和能力的一种发展。这种发展是由高职思政课教师传统的内生自主性发展转变而来的一种新的发展模式。其中，内生自主性发展是指高职思政课教师依靠自己的力量，自下而上地通过各种途径、方式的高职思政课理论学习和实践，不断提升自己的水平和能力，并最终实现自己事先设定的目标的发展；外生组织性发展是指高职思政课教师所在的组织依靠组织的力量，自上而下地组织高职思政课教师开展理论学习和实践，并最终实现组织事先设定的目标的发展。高职思政课教师"内生自主性与外生组织性协同化"发展的具体表现是：1.在主体上，高职思政课教学科研二级机构和教师本人协同负责高职思政课教师的全部发展工作；2.在内容上，高职思政课教学科研二级机构根据组织的发展目标和发展阶段，针对不同年龄段的高职思政课教师，从政治发展、教学发展、科研发展、个人发展等方面，设计若干高职思政课理论和实践项目，供高职思政课教师选择；3.在方式上，由高职思政课教学科研二级机构组建高职思政课教师学习共同体，在该共同体内，既有刚入职的青年教师和从教多年年富力强的中年教师，也有快到退休年龄的老年教师，他们围绕着共同的发展目标，将自己的经验、感悟、好做法和新知识、新技术、新手段等毫无保留地贡献出来与其他教师分享，并通过体验、反馈、改进等形式，实现共同体内高职思政课教师的共同进步、共同成长成才；4.在效果上，使高职思政课教师在有人监督或者无人监督的情况下，均能自觉地不断提升自己的高职思政课理论与实践水平与能力，并严于律己，率先垂范，形成高职良好的教风和学风。实施高职思政课教师"内生自主性与外生组织性协同化"发展，有利于实现高职思政课教师终身继续教育和全面可持续发展。

五、进一步加强高职思政课教师队伍建设的难点研究

（一）高职思政课教师的第二次职业化

高职思政课教师的第一次职业化是其作为教师在上讲台开始讲课之前必须取得教师资格证，没有教师资格证，则不得担任教师。由于

高职思政课教学除了要进行理论教学外，还要开展实践教学，而且对于高等职业教育来说，实践教学是高等职业教育的特色之一，因此，可以说实践教学能力欠缺的高职思政课教师是一名不合格的教师。为此，必须加强对高职思政课教师实践能力的培养，并使其转化为教学能力和教学内容与高职学生分享，这个过程就是高职思政课教师的二次职业化过程，其标志是取得法律职业资格证书等职业资格证书。

（二）充分发挥教师技能大赛在高职思政课教师队伍建设方面的作用

目前，高职思政课教师技能大赛的作用主要有：1. 高职思政课教师技能大赛是锤炼提升高职思政课教师教学基本功的有效途径，其理由是：高职思政课教师都渴望通过高职思政课教师技能大赛取得好成绩，因此，高职思政课教师在准备比赛时都会投入大量的时间、精力来挑选比赛的教学内容，并在博采众长的基础上设计板书、制作精美的多媒体课件，撰写贴近高职学生和时代、通俗易懂、朴实生动的教案和讲义，经过仔细推敲、反复修改，最终在比赛的讲台上呈现给评委和学生，可以说高职思政课教师技能大赛有效地促进了教师精心备课、苦练教学基本功，从而达到了锤炼提升高职思政课教师教学基本功的目的；2. 高职思政课教师技能大赛是高职思政课教师树立自信与发现、弥补不足的平台，其理由是：高职思政课参赛教师可以在高职思政课教师技能大赛上充分展示自己的教学内容、教学方法、教学手段、教学基本功和语言文字表达能力，通过与其他参赛教师所展示的内容的比较，发现自己的优势和劣势，并对自己的优势，在树立自信的基础上在今后进一步精益求精，对自己的劣势，通过认真分析并结合评委点评找到解决之策，由此可见，高职思政课教师技能大赛也是教师树立自信与发现、弥补不足的平台；3. 高职思政课教师技能大赛是了解评估高职思政课教师教学现状与水平的重要手段，其理由是：通过开展校级高职思政课教师技能大赛，让本校所有思政课教师集中进行现场教学展示，不仅可以使学校全面了解思政课教师的教学现状与水平，也为今后学校制定思政课教师发展目标和培养计划提供了真实可靠的第一手资料；通过开展省级、国家级高职思政课教师技能大赛，让每所高职的优秀思政课教师集中进行现场教学展示，不仅可以使省级教育行政主管部门和教育部全面了解本省、自治区、直辖市和全国高职思政课教师的教学现状与水平，而且也为今后省级教育行政主管部门和教育部制定高职思政课教师培养计划和相关政策提供了直接真实的第一手资料。由此可见，高职思政课教师技能大赛是了解评估高职思政课教师教学现状与水平的重要手段。综上所述，今后应充分发挥教师技能大赛在高职思政课教师发展中的作用。

（三）健全高职思政课教师年度和聘期工作量考核办法

目前，高职思政课教师的工作主要是每周完成学校规定的教学课时，除此之外，对于常规教学之外的诸如教学改革、课程建设、学生工作、社会实践等工作，部分高职思政课教师视之如无物，不到万不得已不愿意承担，这显然不是一名合格的高职思政课教师对待工作应有的态度。为此，在考核办法中，必须明确规定高职思政课教师年度和聘期工作量由三部分工作任务组成，其具体内容如下：一是教学工作任务，规定高职思政课教师每周必须完成 12—16 课时的教学工作量；二是科研工作任务，规定高职思政课教师每年必须在相关杂志或者学术会议上发表至少一篇论文，其中，具有高级职称的高职思政课教师在一个聘期内必须主持完成一个委局级以上（含委局级）的课题研究，具有初级或者中级职称的高职思政课教师在一个聘期内必须参与或者主持完成一个委局级以上（含委局级）的课题研究；三是社会服务工作任务，规定高职思政课教师每年或者一个聘期内必须完成诸如班主任，教学或者考试改革，校级或者省部级或者国家级精品课程建设，指导学生社团或者负责学生心理咨询工作，暑期社会实践研修或者到企事业单位挂职锻炼等社会服务工作任务。

（四）完善高职思政课教师职称评聘制度

目前，高职思政课教师职称评聘条件与其他高职教师职称评聘条件一样，主要集中在发表论文、获奖、主持或者参与课题研究等方面。这显然没有体现高职思政课教师在职称评聘方面的特点，因此，必须完善高职思政课教师职称评聘制度，明确规定以下内容：1. 单独制定高职思政课教师职称评聘标准，并在该标准中大幅度提升教学和教学研究所占的比重；2. 高职思政课教师职称评聘单列指标、单独评审；3. 明确规定低职高聘和高职低聘的条件，对表现优秀的高职思政课教师实行低职高聘，对表现差的高职思政课教师实行高职低聘。

六、进一步加强高职思政课教师队伍建设应注意的几个问题

（一）高职思政课教师任职资格准入问题

高职思政课教师是高职学生健康成长的指导者和引路人，因此，必须实行严格的高职思政课教师任职资格准入制度。该制度由任职资格和准入二部分内容组成。其中，高职思政课教师任职资格制度的内容包括：1. 应是中国共产党党员；2. 具备马克思主义理论相关学科背景；3. 硕士以上学位。高职思政课教师准入制度的内容包括：1. 把政治立场作为新进高职思政课教师的首要标准；2. 必须参加省级岗前培训并取得高职思政课教师上岗合格证；3. 实行新进高职思政课教师宣誓制度；4. 工作期间应兼职从事辅导员或者班主任工作。

（二）高职思政课教师的数量问题

高职思政课教师岗位的设置直接关系到高职思政课教学班的高职学生人数，因此，合理设置高职思政课教师岗位对于高职思政课教育教学的有效开展具有十分重要的意义。根据教育部2018年4月12日下发的通知的规定，高职思政课教师岗位应当按照师生比不低于1：350的比例设置。目前，有部分高职思政课教师岗位设置没有达到这一比例要求。为了尽快改变此种状况，有必要通过增加高职思政课专兼职教师人数来解决高职思政课教师不足问题。其中，增加高职思政课专职教师人数的途径有：1. 挖潜，即在校内现有具备高职思政课教师任职资格的人员中将能转岗的教师转为高职思政课专职教师；2. 招聘，即从校外现有具备高职思政课教师任职资格的人员中招聘高职思政课专职教师；3. 人才引进，即从校外现有具备高职思政课教师任职资格且比较优秀的人员中择优引进到高职担任思政课专职教师等。增加高职思政课兼职教师人数的途径有：1. 在校内现有具备高职思政课教师任职资格的人员中将不能转岗为高职思政课专职教师的教师聘为高职思政课兼职教师；2. 从校外现有具备高职思政课教师任职资格的人员

中将不愿离开其所在单位的人员根据其本人条件聘为高职思政课兼职教师或者思政课特聘教授等。

（三）高职思政课教师的质量问题

高职思政课教师使命光荣、责任重大，提升高职思政课教师质量对于高职思政课教育教学具有十分重要的意义。新时代提升高职思政课教师质量的举措主要包括：第一，组织高职思政课教师在职进行继续教育，通过脱产或者半脱产到重点高等学校深造进修、参加高职思政课名师工作室培训班、在职攻读博士学位等，提升高职思政课教师队伍的整体素质和学历层次。第二，完善高职思政课专兼职教师培训体系，其具体内容主要包括：1. 在每学期开课前对全体高职思政课专兼职教师进行高职思政课全员培训；2. 参加高职思政课骨干教师研修班研修；3. 组织高职思政课教师参加各种在职培训，以提高高职思政课教师胜任自己工作的能力。第三，组织全体高职思政课专兼职教师互学互鉴，以切实提高高职思政课教师的教育教学水平，其具体内容主要包括：1. 组织高职思政课骨干教师讲示范课；2. 组织教学经验丰富的高职思政课教师说课；3. 组织高职思政课专兼职教师互相听课；4. 评选高职思政课"精彩一课"；5. 注重运用新媒体新技术开展网上网下、校内校外高职思政课教育教学活动等。第四，积极组织高职思政课教师开展寒暑假期社会实践研修考察活动，以便高职思政课教师了解世界、国情，丰富教学素材。

（四）高职思政课教师的"去、留"问题

优秀的高职思政课教师对高职思政课教育教学的作用是不言而喻的。要想留住优秀的高职思政课教师，最重要的是要增强高职思政课教师岗位的吸引力，并提升高职思政课教师对工作的满意度。具体来说，留住优秀的高职思政课教师的举措主要包括：1. 政府、社会和学校营造良好的环境并提供优厚的待遇，增强高职思政课教师岗位的吸引力，如天津市从 2018 年 9 月起设立思政课教师岗位奖励绩效，发放标准为思政课教师人均 2000 元／月；2. 设定合理的可以实现的高职思政课教师岗位目标并给予高职思政课教师相应的权责；3. 在高职思政课教师之间构建和谐的人际关系；4. 高职思政课教师晋升职称职务的通道畅通；5. 适用于高职思政课教师的收入分配制度、绩效考核评价制度和奖惩制度科学、规范、公开、公平、公正；6. 高职思政课教师的实际平均收入不低于高职教师的平均水平等。此外，要建立严格的高职思政课教师课堂教学退出机制，凡政治不合格或者业务考评不合格的高职思政课教师不得继续担任高职思政课教师。

第二节　高职思政课实践教学经费保障机制研究

一、学校应设立高职思政课实践教学专项经费

2018 年 4 月 12 日，教育部以教社科〔2018〕2 号文件印发的《新时代高校思想政治理论课教学工作基本要求》明确规定："要制定实践教学大纲，整合实践教学资源，拓展实践教学形式，注重实践教学效果。"根据该规定，学校应设立高职思政课实践教学专项经费，并且该专项经费今后应随着学校经费的增长而逐年增加，专款专用。

二、学校每年应从教学经费中按一定比例拨付一部分经费用于高职思政课实践教学

如前所述，高职思政课实践教学属于学校的教学活动，因此，学校每年应从教学经费中按一定比例拨付一部分经费用于高职思政课实践教学。

三、每年在各级各类课题中设立高职思政课实践教学专项课题，并给予经费支持

实践证明，设立有经费支持的高职思政课实践教学专项课题，有利于高职师生顺利开展思政课实践教学活动，因此，今后，每年在各级各类教育教学类课题中均应设立高职思政课实践教学专项课题，并给予经费支持，用于支持高职思政课实践教学。

四、从社会上的单位和个人、优秀毕业生等资助的经费中拨付一部分经费用于高职思政课实践教学

目前，部分学校有时可能会收到社会上的单位和个人、优秀毕业生等给学校的捐款，如果捐款人在捐款时规定了该捐款的明确用途，则必须尊重捐款人的意愿，如果捐款人在捐款时没有指明该捐款的用途，则可由学校根据捐款人的意愿，从上述捐款中拨付一部分经费用于高职思政课实践教学。

第九章 高职思政课理论教学与实践教学考核评价机制研究

考核评价是高职思政课教学环节中一个不可或缺的重要环节。如前所述,高职思政课教学由理论教学和实践教学两部分组成,其中,高职思政课理论教学部分为7学分,高职思政课实践教学部分为1学分。因此,研究高职思政课实践教学考核评价机制不能仅局限于高职思政课实践教学,而应将高职思政课实践教学考核评价和高职思政课理论教学考核评价作为一个整体开展研究即研究高职思政课考核评价机制。基于此,本章将围绕高职思政课考核评价机制展开研究。

第一节 高职思政课考核评价现状

一、高职思政课传统的考核评价模式主体单一,不利于对高职学生进行全面、客观、公正的评价

高职思政课传统的考核评价主体为教师,高职学生只是考核评价的对象和被动接受者。这种考核评价模式是"以教师为中心"的教学理念在高职思政课考核评价领域的反映,其不足之处有二:一是这种考核评价的结果只体现了高职思政课教师的意志,却没有高职学生的参与,因而是片面的,不利于对高职学生进行全面评价;二是这种考核评价模式不利于对高职学生进行客观、公正的评价,其理由是,高职学生与同学在一起的时间毕竟要比其与思政课教师在一起的时间长

得多，高职学生在思政课教师面前展现的通常都是出彩的、好的一面，而在同学面前展现的既有好的一面也有不好的一面，因此，同学的评价可能比教师的评价更客观、更公正。

二、高职思政课传统的考核评价方式不科学，不利于对高职学生进行纵向评价和横向评价

高职思政课传统的考核评价方式一般为：30%的平时成绩＋70%期末考试成绩=高职学生所取得的思政课最终成绩。这种考核评价方式的不足之处有二：一是高职思政课期末考试使用统一试卷和统一评分标准，没有考虑到学生的个体差异性，不利于对学生进行纵向评价，尤其是对于基础较差的高职学生来说，即使他们课前积极预习、课堂上专心听讲、课后认真复习，但其考试成绩仍然会不尽如人意，其耕耘与收获不能成正比，由此产生的直接后果就是会严重影响他们的学习积极性，并使他们逐渐失去对思政课原有的热情。二是高职学生所取得的平时成绩是由思政课教师根据学生的出勤率和课堂学习表现等自由裁量的结果，而目前高职思政课一般实行中班或者大班授课，思政课教师要记住每个教学班的每名学生的学习表现几乎是不可能的，因而高职学生所取得的平时成绩必然带有教师的主观痕迹，无法客观真实地反映高职学生的能力水平和努力程度，从而不利于对高职学生进行横向评价。

三、高职思政课传统的考核评价模式重结果轻过程，不利于高职学生养成良好的学习习惯和诚信品质

在高职思政课传统的考核评价模式中，学生的期末考试成绩一般占到其总成绩的70%，这种考核评价模式过分强调结果却忽视了过程。其不足之处有二：一是不利于养成高职学生良好的学习习惯。其理由是，由于高职学生的期末考试成绩占到其思政课总成绩的70%，因此部分高职学生平时不认真学习，期末考试前临时突击学习，虽然有可能取得较好的成绩，但却不利于养成其良好的学习习惯。二是不利于高职学生养成诚信品质。其理由是，由于思政课为必修课，且期末考

试成绩能够占到其总成绩的 70%，因此，有部分高职学生为了取得思政课学分，不惜在思政课期末考试中作弊，从而产生学生考试不诚信问题，此类问题的出现显然不利于养成高职学生的诚信品质。

四、高职思政课传统的考核评价模式重理论轻实践，不利于高职学生形成理论自信，也不利于提升高职学生分析问题、解决问题的能力

在高职思政课传统的考核评价模式中，高职学生的理论考试成绩一般占到其总成绩的 70%，这种考核评价模式过分强调理论考试却忽视了实践考核。其不足之处有二：一是不利于高职学生形成理论自信。其理由是，高职学生只有通过实践才能验证思政课理论，从而形成理论自信，如果高职思政课的考核评价重理论而轻实践，甚至理论与实践脱节，则显然不利于高职学生验证思政课理论，不利于高职学生形成理论自信。二是不利于提升高职学生分析问题、解决问题的能力，其理由是，高职学生只有通过实践，才能将自己在思政课中学到的理论知识与生产生活实际相结合，从而发现问题、分析问题、解决问题，如果没有实践或者轻视实践，那么高职学生将很难提升其发现问题、分析问题、解决问题的能力。

第二节 创新高职思政课考核评价模式的必要性研究

一、创新高职思政课考核评价模式是贯彻落实教育部文件精神的需要

2015 年 9 月 10 日，教育部在《教育部关于印发〈高等学校思想政治理论课建设标准〉的通知》（教社科〔2015〕3 号文件）中明确提出："改革考试评价方式，建立健全科学全面准确的考试考核评价体系，注重过程考核。"由此可见，改革创新高职思政课考核评价模式是贯彻落实教育部文件精神的需要。

二、创新高职思政课考核评价模式是高职学生成长成才的需要

开设思政课的目的是将高职学生培养成中国特色社会主义事业的合格建设者和可靠接班人，但如上所述，目前高职思政课考核评价模式重结果轻过程、重理论轻实践，显然不利于高职学生成长成才，因此，有必要改革创新高职思政课考核评价模式，实行定量考核与定性评价相结合、知识识记考核与应用能力评价相结合的原则，既重视理论考核和结果评价，也重视实践考核与过程评价，从而养成高职学生良好的品行和习惯，促进高职学生成长成才。

三、创新高职思政课考核评价模式是不断改进和完善高职思政课教师教学的需要

考核评价是高职思政课教学的重要环节，通过考核评价，可以基本摸清教师的"教"与学生的"学"两个方面存在的问题，并发掘原因，进而找出相应的对策，不断改进和完善高职思政课教学。但如上所述，目前高职思政课考核评价主体为单一主体，即思政课教师，考核评价的结果主要是教师个人意志的体现，带有教师的主观痕迹，可能出现不客观、非真实的情况，显然不利于思政课教师改进和完善教学。因此，有必要改革创新高职思政课考核评价模式，实行教师考核评价与学生本人、同学考核评价相结合的原则，从而对高职学生学习思政课的情况进行全面、客观、公正的评价，并以此促进教师不断改进和完善教学。

第三节　创新高职思政课考核评价模式的路径

创新高职思政课考核评价模式的路径是构建"三主体二模块三位一体"的高职思政课考核评价新模式，其具体内容如下。

一、"三主体"

"三主体"是指高职思政课考核评价的主体由高职学生本人、同学和教师等三类主体构成。其中，高职学生本人评价是指高职学生对自己在思政课方面的学习态度、学习情况、学习方法、学习优势和不足、学习效果等的动态评价，此种评价的目的在于使高职学生通过纵向评价自己，全面了解自己在思政课方面的学习进展情况及今后的改进策略，并从内心深处激发起其日常学习思政课的热情。同学评价是指由兴趣、特长、爱好相同或相近的 6—8 名同班同学组成的思政课学习小组中的任何一名成员，对本学习小组的其他成员在学习思政课方面的实际表现、长处与不足及人际沟通交往能力、团队合作能力、分析和解决问题能力等的动态评价。此种评价的目的在于使高职学生通过横向评价其他同学来全面客观认识自己，从而树立正确的世界观、人生观、价值观；教师评价是指高职思政课教师对高职学生在思政课课堂内外、思政课线上线下的学习表现，以及理解、掌握马克思主义理论的情况和运用马克思主义立场、观点、方法分析问题、解决问题的能力提升情况等的动态评价。此种评价的目的有二：一是对高职学生的"学"从理论和实践二个层面进行综合评价，使高职学生明确自己的长短处及今后努力的方向；二是对高职思政课教师的"教"进行系统客观的评价，以便教师今后不断改进和完善自己的高职思政课理论教学和实践教学。实施"三主体"评价是教师与学生"双主体"理念在高职思政课考核评价领域的体现，改变了高职思政课由单一评价主体教师自上而下对高职学生进行评价的传统评价模式，有利于对高职学生学习思政课的情况进行全面、客观、公正的评价。

二、"二模块"

"二模块"是指高职思政课考核评价由理论教学考核评价和实践教学考核评价两部分组成。其中，理论教学考核评价是指对高职学生理解掌握思政课理论教学部分内容的情况进行考核评价，考核内容包括高职思政课理论教学部分的基本概念、基础知识、基本原理及高职学生运用马克思主义立场、观点、方法分析问题、解决问题的能力等，上述考核内容不仅要有一定的理论深度和广度，涵盖高职思政课理论教学部分的重点和难点问题，而且要着重考查高职学生的逻辑思维能力和创新思维能力，此种评价的目的在于对一定时期内高职学生理解掌握高职思政课理论教学部分内容的情况进行客观评价和总结，以利于今后高职师生不断改进和完善思政课理论教学部分内容的"教"与"学"。实践教学考核评价是指对高职思政课实践教学内容进行考核评价，考核的内容包括由高职学生课堂宣讲案例、高职学生课堂公布问卷调查的调研报告、高职学生课堂播报新闻和课堂微话剧等组成的高职思政课课堂实践教学内容和校内外高职思政课实践教学内容及高职思政课网络虚拟实践教学内容等。此种评价的目的在于考查高职学生动手能力、团队合作能力、语言文字表达能力、理论联系实际能力、分析和解决问题能力和创新能力等，从而使高职学生认识到自己在高职思政课实践教学方面的优势和劣势及今后努力的方向。实施"二模块"评价，改变了高职思政课考核评价重理论轻实践的传统评价模式，不仅有利于高职学生验证思政课理论，形成理论自信，而且有利于高职学生养成良好的品行，提升其分析问题、解决问题的能力。

三、"三位一体"

"三位一体"是指由高职学生在学习思政课之前的自我评价、学习思政课期间的过程性评价和学习思政课结束时的结果性评价组成一个有机统一的高职思政课考核评价整体，其具体内容如下。

（一）高职学生在学习思政课之前的自我评价是指由高职学生本人在学习思政课之前对自己理解、掌握高职思政课理论教学和实践教学内容情况、个人良好品行和习惯养成情况、本人分析问题解决问题能力情况进行评价。该自我评价由高职学生个人基本信息与自我评价表、闭卷摸底考试、问卷调查三部分内容组成。其中，高职学生个人基本信息与自我评价表的内容主要包括高职学生的姓名、性别、民族、出生年月、特长、爱好、从小学开始的学习经历、自我评价等；摸底考试是指在高职学生学习高职思政课之前对其进行闭卷考试，考试的内容包括思政课的基本概念、基础知识和基本原理及高职学生分析问题解决问题的能力等；问卷调查是指针对新入学的高职学生以班级为单位围绕其对高职思政课理论与实践教学的意见和建议开展问卷调查，积累丰富的第一手资料，为即将开始的高职思政课教学做准备。上述自我评价的目的在于使高职学生全面了解自己在高职思政课学习方面的功底和起点，明确优势、短板及努力的方向，并为今后对该高职学生在学习思政课结束时的结果性评价提供参照物。

（二）对高职学生在学习思政课期间的过程性评价是指由高职学生本人、同学和教师对该高职学生在学习思政课过程中的表现、认知和行为进行评价。该过程性评价由表现评价、认知评价和行为评价三部分内容组成。其中，表现评价是指由高职学生本人、同学、高职思政课教师、辅导员、班主任对该高职学生在学习思政课期间的表现，包括课堂内外表现、校内外表现和网络线上线下表现等进行的评价。认知评价包括二类：一类是指由高职思政课教师在理论教学中通过平时课堂闭卷考试方式对高职学生理解掌握思政课概念、知识、原理等情况进行评价；另一类是指由高职思政课教师在实践教学中对高职学生通过实践发现、分析、解决问题的能力进行评价。行为评价是指由高职学生本人、同学、教师对该高职学生在学习思政课期间的行为，包括日常品行、习惯、动手能力、实践操作能力、语言表达能力等进行评价。上述过程性评价的目的在于促使高职学生注重日常的思政课学习及知识积累、逐步养成良好的品行和习惯，并在实践中不断提升其发现问题、分析问题、解决问题的能力。

（三）对高职学生在学习思政课结束时的结果性评价是指由高职学生本人、同学和教师从理论和实践两个维度对该高职学生在学习思政课结束时对马克思主义理论的理解掌握情况、良好品行习惯养成情况及运用马克思主义立场、观点、方法分析问题、解决问题的能力提升情况等进行结果性评价。该结果性评价由高职思政课理论教学考核评价和高职思政课实践教学考核评价两部分内容组成。

上述自我评价、过程性评价和结果性评价构成了一个完整的高职学生在学习思政课方面的成长闭环，每次评价赋分均会产生相应的坐标点，连接这些坐标点便会形成高职学生在学习思政课方面的成长曲线，从而引导高职学生更好地成长成才，并促使教师不断改进和完善自己的高职思政课理论教学和实践教学。

第四节　构建高职思政课考核评价新模式应注意的几个问题

一、高职思政课新的考核评价模式既要重视对高职学生的横向评价，更要强调对高职学生的纵向评价

横向评价是指将高职学生所取得的思政课成绩与同班同学的成绩进行横向比较，从而使高职学生本人对自己的思政课理论水平、分析问题解决问题的能力及今后的努力方向有一个全面、客观的认识。纵向评价是指在承认高职学生有个体差异性的基础上，以高职学生入学前的基础为起点，只要该高职学生在思政课理论学习、理论验证、良好品行习惯养成、能力提升等任何方面有进步，均要给予其积极肯定的评价。今后，在高职思政课考核评价中，既要重视对高职学生的横向评价，也要强调对高职学生的纵向评价。

二、高度重视高职思政课考核评价结果的及时反馈与应用

对高职思政课进行考核评价的目的是知晓和掌握高职思政课在"教"与"学"方面存在的问题、成因及改进对策。如果对高职思政课进行考核评价后不及时反馈或者不反馈评价结果，那么该考核评价就是毫无意义的。因此，在今后工作中，必须高度重视高职思政课考核评价结果的及时反馈与应用。

三、充分发挥现代信息通信技术在高职思政课考核评价中的作用

随着现代信息通信技术和网络技术的飞速发展，各种辅助高职思

政课考核评价的软件应运而生。在课堂教学中，高职思政课教师可以运用智能助教系统对高职学生进行课堂测验、提问、签到等，智能助教系统会自动赋分并统计打印；在课堂教学之外，高职思政课教师可以充分运用互联网，使用在线考试系统等，要求高职学生在规定时间内完成考试或任务，系统会自动评分。由此可见，使用上述在线考试系统等现代信息通信技术，不仅可以节省高职思政课教师批改作业、试卷的时间，而且还有助于教师督促高职学生认真学习思政课理论及实践知识，养成良好的学习习惯。因此，在今后高职思政课考核评价中，必须高度重视并充分发挥现代信息通信技术的作用。

第十章　高职思政课实践教学实施方案研究

根据 2015 年 9 月 10 日教育部发布的《高等学校思想政治理论课建设标准》中有关"统筹思想政治理论课各门课的实践教学、落实学分（本科 2 学分，专科 1 学分）"的规定，特制定本实施方案。

第一节　高职思政课实践教学的目标、学分、学时和组织形式

一、高职思政课实践教学的目标

高职思政课实践教学的总目标是培养德智体美劳全面发展的中国特色社会主义事业的合格建设者和可靠接班人，培养担当民族复兴大任的时代新人。具体来说，该目标又可细分为知识目标、技能目标和素质目标。其中，知识目标是指对高职学生进行系统的马克思主义理论教育并使其理解和掌握，帮助高职学生验证高职思政课理论并使其真懂真信真用；技能目标是指提高高职学生运用马克思主义立场、观点、方法发现、分析、解决问题的能力和创新能力；素质目标是指帮助高职学生养成良好品行和习惯，帮助高职学生树立正确的世界观、人生观和价值观。

二、高职思政课实践教学的学分与学时

高职思政课实践教学学分：1 学分
高职思政课实践教学学时：16 学时

三、高职思政课实践教学的组织形式

高职思政课实践教学的组织形式为：高职学生根据其兴趣、特长和爱好等自愿组合成的学习小组，以 6 人至 8 人最为合适。教师是该学习小组任务的设计师，学习小组成员是该学习小组任务的完成者。学习小组成员负责信息收集整理、计划和方案制定、方案实施、成果集成、成果展示、互动评价等。学习小组成员各有分工、各有职责、互助合作，共同完成教师布置的高职思政课实践教学任务。

第二节　高职思政课实践教学具体方案

一、高职思政课课堂实践教学

（一）高职《基础》课程课堂实践教学

1. 实践教学时间

实践教学时间：高职一年级

2. 实践教学学时

实践教学学时：3 学时

3. 组织管理

具体实践教学活动由《基础》课程教研室统一组织领导，由高职学生根据其特长和爱好以 6 人至 8 人为宜自愿组成学习小组，在任课教师设计、指导、启发下，在高职思政课课堂上围绕教师布置的实践教学主题面向全班同学播报新闻和历史上的今天，宣讲精心收集的案例，表演自编自导的课堂微话剧，公布问卷调查的调研报告等，再由高职学生本人、在场的其他同学评分，最后由教师点评赋分，所有高职思政课实践教学任课教师全程参加并负责学生实践活动管理。

4. 实践教学内容

具体的实践教学内容如下表：

表 10-1 《基础》课程实践教学内容与理论教学内容一体化表

教学模块	《基础》课程实践教学内容与理论教学内容一体化		
	理论教学内容	实践教学内容	
绪论	我们处在中国特色社会主义新时代；时代新人要以民族复兴为己任	课堂案例宣讲	惊天一落救新鹰
		课堂调研报告	高职学生学业情况调查
		课堂微话剧	服务季
思想教育	人生的青春之问	课堂案例宣讲	一辈子隐姓埋名的科学家
		课堂调研报告	高职学生参加学生社团活动情况调查
		课堂微话剧	责任季
	坚定理想信念	课堂案例宣讲	信念的价值
		课堂调研报告	高职学生文明情况调查
		课堂微话剧	监督季
	弘扬中国精神	课堂案例宣讲	国家利益重于一切
		课堂调研报告	高职学生课外生活情况调查
		课堂微话剧	学习季
	践行社会主义核心价值观	课堂案例宣讲	信义兄弟
		课堂调研报告	高职学生诚信状况调查
		课堂微话剧	诚信季
道德教育	明大德守公德严私德	课堂案例宣讲	背着母亲读大学
		课堂调研报告	高职学生道德状况调查
		课堂微话剧	模拟面试
法治教育	尊法学法守法用法	课堂案例宣讲	武汉首起"高考移民"案
		课堂调研报告	高职学生法治意识状况调查
		课堂微话剧	民法相关案例
		课堂案例宣讲	网络不是法外之地
		课堂调研报告	高职学生校外兼职情况调查
		课堂微话剧	刑法相关案例

5. 成绩评定

高职《基础》课程课堂实践教学的学生成绩以 100 分计，其中，高职学生本人自评占 15%，同学评价占 35%，教师评价占 50%。高职学生的该项成绩占该学生高职思政课实践教学总成绩的 20%。

（二）高职《概论》课程课堂实践教学

1. 实践教学时间

实践教学时间：高职一年级第二学期和高职二年级

2. 实践教学学时

实践教学学时：3 学时

3. 组织管理

具体实践教学活动由《概论》课程教研室统一组织领导，由高职学生根据其特长和爱好以 6 人至 8 人为宜自愿组成学习小组，在任课教师设计、指导、启发下，在高职思政课课堂上围绕教师布置的实践教学主题面向全班同学播报新闻和历史上的今天，宣讲精心收集的案例，表演自编自导的课堂微话剧，公布问卷调查的调研报告等，再由高职学生本人、在场的其他同学评分，最后由教师点评赋分，所有高职思政课实践教学任课教师全程参加并负责学生实践活动管理。

4. 实践教学内容

具体的实践教学内容如下表：

表 10-2　《概论》课程实践教学内容与理论教学内容一体化表

教学模块	《概论》课程实践教学内容与理论教学内容一体化	
	理论教学内容	实践教学内容
毛泽东思想	毛泽东思想及其历史地位	课堂案例宣讲
		回望毛泽东
		课堂调研报告
		高职学生信仰状况调查
		学生征文大赛
		红色书籍读后感评比活动
	新民主主义革命理论	课堂案例宣讲
		处决黄克功
		课堂调研报告
		高职学生课外阅读状况调查
		学生征文大赛
		爱国主义影片观后感评比活动
	社会主义改造理论	课堂案例宣讲
		同仁堂的新生
		课堂调研报告
		高职学生手机使用状况调查
		学生征文大赛
		"社会主义改造"图片展观后感评比活动

续表

教学模块	《概论》课程实践教学内容与理论教学内容一体化	
	理论教学内容	实践教学内容	
毛泽东思想	社会主义建设道路初步探索的理论成果	课堂案例宣讲	"千年伟人"马克思
		课堂调研报告	高职学生网络利用状况调查
		学生公开课大赛	《概论》课程相关章节内容
邓小平理论、"三个代表"重要思想、科学发展观	邓小平理论	课堂案例宣讲	邓小平"三落三起"的传奇人生
		课堂调研报告	改革开放以来我家乡变化情况调查
		学生摄影大赛	以改革开放以来我家乡的新变化为主题开展学生摄影作品大赛
	"三个代表"重要思想	课堂案例宣讲	又一座里程碑
		课堂调研报告	高职学生家庭生活水平情况调查
		学生演讲大赛	以"感恩"为主题开展演讲比赛
	科学发展观	课堂案例宣讲	走在科学发展道路上的新北京
		课堂调研报告	高职学生创新创业状况调查
		学生知识竞赛	改革开放专题知识竞赛
习近平新时代中国特色社会主义思想	习近平新时代中国特色社会主义思想及其历史地位	课堂案例宣讲	习近平的七年知青岁月
		课堂调研报告	高职学生成长规划情况调查
		学生征文大赛	《习近平讲故事》读后感评比活动
	坚持和发展中国特色社会主义的总任务、"五位一体"总体布局、"四个全面"战略布局	课堂案例宣讲	千年寻梦
		课堂调研报告	高职学生消费情况调查
		学生风采大赛	评选最美高职学生
	全面推进国防和军队现代化、中国特色大国外交	课堂案例宣讲	人民军队的大跨越
		课堂调研报告	高职学生参与志愿者服务情况调查
		学生情景剧大赛	培养高职学生良好的品行、习惯
	坚持和加强党的领导	课堂案例宣讲	"两个务必"代代传
		课堂调研报告	高职学生参与社会实践活动情况调查
		学生知识竞赛	高职学生党史知识竞赛

5. 成绩评定

高职《概论》课程课堂实践教学的学生成绩以 100 分计,其中,高职学生本人自评占 15%,同学评价占 35%,教师评价占 50%。高职学生的该项成绩占该学生高职思政课实践教学总成绩的 20%。

二、高职思政课校内实践教学

（一）实践教学时间

实践教学时间：高职一年级和高职二年级

（二）实践教学学时

实践教学学时：3 学时

（三）组织管理

在具体实践教学活动中，以高职辅导员和班主任为主，以高职思政课教师为辅对高职学生进行组织管理。

（四）实践教学内容

除寒暑假外，每年学校可以根据本校的实际情况举办四次有全校学生共同参与的与高职思政课实践教学内容相关的大赛，每名高职学生无论是亲自参赛或者是作为大赛观众，均需自己独立完成并交给辅导员一篇手写的心得体会，再由该学生本人、同学和教师对其表现和其撰写的心得体会进行评分。其中，每年 3 月至 4 月可以举办全校学生思政课知识竞赛，5 月至 6 月可以举办全校学生思政课微话剧比赛，9 月至 10 月可以举办全校学生风采大赛，11 月至 12 月可以举办全校学生思政课公开课大赛。

（五）成绩评定

高职思政课校内实践教学的学生成绩以 100 分计，其中，高职学生本人自评占 10%，同学评价占 20%，辅导员评价占 25%，班主任评价占 25%，思政课教师评价占 20%。高职学生的该项成绩占该学生高职思政课实践教学总成绩的 20%。

三、高职思政课校外实践教学

（一）实践教学时间

实践教学时间：高职一年级、高职二年级和高职三年级

（二）实践教学学时

实践教学学时：3 学时

（三）组织管理

在具体实践教学活动中，以高职专业课教师和辅导员为主，以高职思政课教师为辅对高职学生进行组织管理。

（四）实践教学内容

1. 高职思政课分散式课题制实践教学

在高职学生一年级和二年级寒暑假期间，由家乡所在地相同或者相近的 4—8 名高职学生在其思政课任课教师所承担的高职思政课课题之下组成一个子课题小组，在任课教师的安排和指导下，分散到全国各地广泛接触社会，并在进行考察、调研、访谈、座谈、收集资料和实践的基础上撰写调研报告，提交任课教师评阅，并由学校对优秀的调研报告进行表彰奖励。

2. 高职学生实习期间开展高职思政课实践教学

在高职学生三年级实习期间，由实习地相同或者相近的 4—8 名高职学生在其专业课任课教师和辅导员的安排和指导下，围绕职业道德和良好品行习惯的养成，在进行考察、调研、访谈、座谈、收集资料和实践的基础上撰写调研报告，提交教师评阅，并由学校对优秀的调研报告进行表彰奖励。

（五）成绩评定

1. 高职思政课分散式课题制实践教学的学生成绩以 100 分计，其中，高职学生本人自评占 15%，同学评价占 35%，思政课教师评价占 50%。高职学生的该项成绩占该学生高职思政课实践教学总成绩的 10%。

2. 高职学生实习期间开展高职思政课实践教学的学生成绩以 100 分计，其中，高职学生本人自评占 10%，同学评价占 20%，辅导员评价占 30%，专业课教师评价占 40%。高职学生的该项成绩占该学生高职思政课实践教学总成绩的 10%。

四、高职思政课网络虚拟实践教学

（一）实践教学时间

实践教学时间：高职一年级、高职二年级和高职三年级

（二）实践教学学时

实践教学学时：4 学时

（三）组织管理

在具体实践教学活动中，以辅导员、班主任和思政课教师为主，以专业课教师为辅对高职学生进行组织管理。

（四）实践教学内容

互联网时代，为加强对高职思政课网上实践教学活动的全过程管理与考评，实行高职思政课自主式网上实践教学活动手册（以下简称手册）制实践教学已势在必行。该手册为 A4 纸共 35 页，每页均设有高职思政课网络虚拟实践教学活动的时间、地点、过程、心得体会、实践报告和总结等栏目，该手册在每学期开学时由辅导员发给每位高职学生，在每学期结束时由学生上交辅导员。为便于高职学生自主学习，该手册还内附高职思政课实践教学实施方案和实践教学活动考评办法等。该手册是评定高职学生思政课网上实践教学活动成绩的重要依据之一。

（五）成绩评定

高职思政课网络虚拟实践教学的学生成绩以 100 分计，其中，高职学生本人自评占 10%，同学评价占 15%，辅导员评价占 25%，班主任评价占 25%，思政课教师评价占 25%。高职学生的该项成绩占该学生高职思政课实践教学总成绩的 20%。

第三节　高职思政课实践教学学生成绩评定、经费使用及其他规定

一、高职思政课实践教学学生成绩评定

1. 高职思政课实践教学学生成绩由高职学生所获得的上述六个项目的成绩按比例评定。

2. 高职思政课实践教学环节不安排补考，如有不及格者，只能随

下一年级重修。

二、高职思政课实践教学的经费来源及其使用规定

（一）高职思政课实践教学的经费来源

根据教育部有关文件规定精神，学校按在校生每生每年不低于 7 元标准提取专项经费用于高职思政课实践教学。

（二）高职思政课实践教学专项经费的使用范围

高职思政课实践教学专项经费的使用范围包括印刷费、宣传费、交通费、评审费和学生优秀实践成果奖励费等。

（三）高职思政课实践教学专项经费的使用规定

高职思政课实践教学专项经费列入学校思政课教学研究部门的预算项目，由学校统一管理，由学校思政课教学研究部门按学校规定使用，专款专用，不得挪用，并按学校财务管理制度履行报销手续。

三、本实施方案的解释部门及生效时间

1. 本实施方案由学校思政课教学研究部门负责解释。
2. 本实施方案自发布之日起施行。

参考文献

[1]鲁继平. 新时代高职思政课考核评价模式创新探究[J]. 教育与职业, 2019（3）.

[2]鲁继平. 互联网时代高职思政课"四·四·二·三"实践教学模式创新[J]. 教育与职业, 2018（8）.

[3]鲁继平. 互联网时代高职思政课实践教学模式创新[J]. 教育与职业, 2018（4）.

[4]陈艳芬. 高职院校思想政治理论课实践教学实效性研究[J]. 教育与职业, 2017（4）.

[5]胡晓娟. 新媒体时代高校思想政治理论课实践教学研究[J]. 教育与职业, 2017（2）.

[6]甘晓娜, 黄伟萍. 高职院校思想政治理论课教学状况调查[J]. 教育与职业, 2016（5）.

[7]邓宏萍. 高职思政课实践教学体系的 SWOT 分析及策略[J]. 教育与职业, 2016（2）.

[8]姚晓辉. 基于就业导向的高专思政课实践教学模式探索[J]. 教育与职业, 2016（2）.

[9]黄爱妹. 高校思想政治理论课课堂实践教学应注意的几个问题[J]. 学校党建与思想教育, 2015（13）.

[10]刘英杰. 高校思想政治理论课实践教学理论研究综述与反思[J]. 思想理论教育导刊, 2015（4）.

[11]周秀华. 高校思想政治理论课实践教学考核评价机制的思考[J]. 中国职业技术教育, 2014（32）.

[12]张桂华. 高校思想政治理论课实践教学机制创新[J]. 黑龙江高教研究, 2014（7）.

[13]谢霄男. 高校思想政治理论课实践教学研究评析[J]. 文化学刊, 2014（6）.

[14]张春和, 谷建国. 构建高校思想政治理论课实践教学体系的思考[J]. 思想理论教育, 2013（21）.

[15]徐彦秋. 关于构建高校思想政治理论课实践教学体系的思考[J]. 教育探索, 2013（9）.

[16]苏振芳. 当代国外思想政治教育比较[M]. 北京：社会科学文献出版社, 2009.

[17]陈立思. 当代世界的思想政治教育[M]. 北京：中国人民大学出版社, 1999.

后　记

2017年12月5日，我收到由天津市哲学社会科学规划领导小组办公室印发给我的《2017年天津市哲学社会科学规划高校思想政治理论课专项立项通知》（以下简称《通知》），该《通知》的内容为：由我主持申报的《互联网背景下高职院校思想政治理论课"四·四·二·三"实践教学模式创新研究》课题，经市社科规划高校思想政治理论课专项评审会评审，报市社科规划领导小组审定，同意立项。项目编码为：TJSZZX17-033，项目类别：一般项目，成果形式：系列论文研究报告，项目负责人：鲁继平。经过一年的研究，2018年9月11日，我收到由天津市哲学社会科学工作领导小组办公室印发的《证书》，该《证书》载明：上述项目类别为天津市哲学社会科学规划基金项目（高校思政专项），负责人鲁继平，成果形式为研究报告系列论文，上述项目经审核准予结项，鉴定等级：A（免鉴）。

在研究上述课题的过程中，我将自己的思考和探索以文字形式记录下来，形成了本书的初稿，后在我夫人和女儿的鼓励下，数易其稿，并最终决定将其交付出版。本书是我在研究2017年天津市哲学社会科学规划研究项目高校思想政治理论课专项课题"互联网背景下高职院校思想政治理论课'四·四·二·三'实践教学模式创新研究"（项目编号：TJSZZX17-033，项目负责人：鲁继平）的过程中形成的研究成果之一。

在本书即将出版之际，我要衷心感谢一直以来关心我、支持我的各位领导、老师和朋友们；对于本书的出版，我要真诚地感谢南开大学出版社的领导和李佳编辑，他们年轻有为，热情敬业，令人感动。

最后我要特别感谢我的母亲、夫人和女儿,她们的鼓励和支持,是我前进的动力。

鲁继平

2019 年 3 月于天津